後悔しないための

公務員の転職とリスキリングの技術

元公務員 YouTuber
イノウエガク

実務教育出版

はじめに

なにか処分を食らったんだろう。

そう疑われながらの転職活動はあっさり3か月で終わりました。

公務員を辞めたのは25歳のときです。公務員4年目の途中で自主退職しました。それから今日まで約4年。

なぜ私は、公務員を辞めたか？

理由はさまざまあります。

・思っていたよりハードな残業
・昇格はほぼ年齢順
・お金も心も消耗する飲み会
・非効率的な業務の進め方
・一部の心ないクレーム

果たしてこの職場で、定年まで私の心身は持つのだろうか？　そんな疑問が頭から消えない日々でした。しかし「公務員でダメなら、民間では絶対に生き残れない。だから死ぬ気で公務員にしがみつくんだ」と自己暗示していた私は、なかなか退職に踏み切れませんでした。

・辞めて後悔しないだろうか？
・民間企業は倒産する
・よしんば大企業に転職できても、結果を出せるのか？
・もう一度、公務員試験を受けるなんて考えられない！

こんなことを2年も悩み続けます。ところがある日、こんな疑問を持ちました。**もし私が身体的あるいは精神的にどうしても公務員を続けられなくなったとき、転職する選択肢は残っているのだろうか？　公務員以外では生きていけない人材になっていないだろうか？**

そう思うと怖くて仕方がありません。こうして私は「よし、やってやるぞ！」と転職活動を始めます。

難航する転職活動

しかし問題は山積みです。土木公務員だった私は、ずっと気になっていたウェブマーケター

（ウェブ広告やSNS運用を手がける職業）への転職を目指しますが、もちろん未経験です。書類選考をお願いしてはお祈りを繰り返され、何とか面接にこぎつけても手応えはありません。

・公務員だから使えなさそう
・のんびり仕事しているんだろう
・公務員を辞めるんだから、何か悪いことをしたんだろう

直接口にはしませんが、面接官の目はそう語っていました。

公務員特有の転職テクニックがあった

面接を受けて試行錯誤していくうちに、公務員特有の転職テクニックがあることに気がつきます。これを書き出しながら転職を続けたところ、次第に面接に合格するようになりました。そして転職活動を始めておよそ3か月で、ウェブマーケターの内定をいただきます。

それからはあっという間です。すぐに公務員を退職。民間企業でウェブマーケターとして働き始め、2年後にはフリーランスのウェブコンサルタント・ライターとして独立しました。今は、仲間とともに法人を設立し、小さな会社の取締役に就任しています。**テクニックさえ知っていれば、公務員からの転職はそれほど難しくありません。必要以上に恐れている人が多いのです。**

とにかく辞めよう、とは言いません

あらかじめ断っておくと、すべての人が公務員を辞めるべきだとか、公務員は悪い職業だとかを表明したい本ではありません。公務員は素晴らしい職業です。

一方で、ゆっくりですが、着実に日本にもジョブ型雇用が広まりつつあります。ジョブ型雇用は「必要な能力がハッキリしている仕事」に「適した能力を持っている人」をつける考え方です。いささか強引にまとめれば、年齢ではなく、能力で仕事や待遇が決まる仕組みです。「ジョブ型雇用が優れている」と多くの民間企業に広まれば、あるいは国がジョブ型雇用の拡大を推進するなら、公務員にもそれが広がっていくはずです。するとすべての公務員が失業する…なんてことはないでしょうが、ずっと公務員でいるのが「正義」ではなくなります。**公務員も民間企業もどちらも等しくキャリアの1つとして捉え、自分でキャリアを組み立てていく世の中になるでしょう。**

フラットに、辞めない選択肢もご紹介します

公務員の仕事は特殊です。向き不向きがあります。公務員として働いているけれど、実は民間企業が向いている人もいるでしょう。逆に、民間企業で働いているけれど、公務員が向いている人もいます。向いていない仕事をすると、パフォーマンスを発揮しきれません。労働力不足が深刻な昨今、できるだけ多くの人が自分に合った仕事をして、最大限のパフォーマンスを生み出すことも重要です。流動性の少ない公務員の雇用をもっと柔らかくして、雇用のミスマッチをなくし、社会全体の生産性をあげたい。そんな想いでこの本を書きました。

本書は、地方公務員→民間企業→独立…というキャリアを重ねてきた私が、**公務員から未経験転職するためのコツやノウハウ、考え方などをテクニックとして書き出した一冊です。あなたに向いている仕事を見つける方法や、安定を捨てる勇気を出す方法、私が公務員を辞めてどうなったかもすべて記しました。**主に地方公務員の一般行政職を対象にしたものですが、他の職種の方が参考にできる部分も多いと思います。気になるテクニックから読み、コツコツ実行していくだけで、幸せな転職を実現できるはずです。

繰り返しになりますが「公務員を辞めましょう」と背中を押す本ではありません。辞めたい人には辞め方を。公務員を続けながら自分らしいキャリアを模索したい方には、私が公務員を続けていたら、どのようにスキルアップ＝**リスキリング**していくかを。私の転職相談の経験も踏まえてお話ししたいと思います。

目指すは、人生を主体的に選び、幸せに生きていくことです。ともに実現していきましょう。

Contents

辞める？ 続ける？
後悔しないための公務員の転職とリスキリングの技術

第4章　驚くほど味気なく退職する4のテクニック
―後を濁さない退職の方法―

第5章　転職後に幸せをつかむ7のテクニック
―民間企業で生き残り、真の安定を手に入れる方法―

第6章 公務員を続けながら選択肢を広げる5のテクニック ―リスキリングにもゴールが必要―

特別編

「元公務員フリーランス」が食べていく6のテクニック
―元公務員の経歴を活かしたズルい営業方法―

第1章

公務員を辞めるメリット・続けるメリット

―後悔しない転職をするための前知識―

公務員といえば「安定」です。これを目的に公務員になる方も多いでしょう。

かくいう私もその口です。高校生では明確な進路を決めずに、とりあえず地元の大学へ。工業系の大学だったので、最も公務員になりやすいといわれた土木科を専攻します。「やりたい仕事も特に見つからないから、公務員にでもなろう」と思ったのが本音でした。

公務員はとても安定しています。不景気でも給料は大きく変動せずボーナスも必ず支給されます。恵まれた職業です。そんな公務員を辞めて、幸せになれるでしょうか。

本章では、公務員を辞めるメリット／続けるメリットや、公務員を辞めて後悔しない人の特徴を解説していきます。深呼吸して自身を客観的に見つめる準備を整えて、始めましょう。

7人に1人が「数年以内に辞めたい」

意外と多くの公務員が「辞めたい」と思っていますし、実際にけっこう辞めています。数字で見てみましょう。

国の資料によれば「2021年度の国家公務員の離職者数は5326人（人事院『令和3年度一般職の国家公務員の任用状況調査』※1）」。「地方公務員は60327人（※2）」でした。

次に、辞めたいと考えている人数です。国が公表している資料（※3）によれば、「各府省等に勤務する**国家公務員のうち、数年以内に辞めたいと回答した割合が5・5%」にものぼりました。**

同資料を詳しく見ていくと、20代男性が特に辞めたいと考えており、その割合は、14・7%。およそ7人に1人が数年以内に辞めたいと答えています。**辞めたい理由については「もっと自己成長できる魅力的な仕事に就きたいから」「長時間労働等で仕事と家庭の両立が難しいから」が多数で、同様に感じる方もいるでしょう。**

これらの数字からわかるように、公務員を辞めたいと感じるのは、珍しい感情ではありません。身近に相談できる人はいないかもしれませんが、実は多くの公務員が考えていることなの

※1　辞職後、退職手当をもらわずに、特別職や地方公務員、行政執行法人職員以外の独立行政法人に引き続き就いた離職者数と、定年退職、懲戒免職、失職、死亡等による離職も除く。

です。

まとめ

自分のやりたいことのために、あるいは仕事の辛さのために公務員を辞めている人はたくさんいる。

公務員を辞めるメリット、続けるメリット

「じゃあ公務員辞めよう！」と、簡単には言わないのが本書です。転職に踏み切る前にフラットな視点で、公務員を辞めるメリット・続けるメリットを確認しておきましょう。

公務員はよい職業です。これは公務員を辞めてから強く実感しました。

公務員を辞めるメリット

1．やりたい仕事につける

※２　総務省『令和３年度 地方公務員の退職状況等調査』より、普通退職、勧奨退職、早期退職募集制度による退職者数を合計。　※３　内閣官房『国家公務員の女性活躍とワークライフバランス推進のための取組指針改正案に関するデータ集』

2. 市場価値のあるスキルが身につく
3. 労働環境が改善される可能性がある
4. 副業ができる可能性がある
5. リスクは上がるが、リターンの幅が広がる

公務員を続けるメリット

1. 安定して収入を得られる
2. 充実した福利厚生のもと働ける
3. 国や地元への貢献ができる
4. リターンの幅は狭いが、リスクも少ない

辞めるメリットから順番に確認していきましょう。

公務員を辞めるメリット

1. やりたい仕事につける

最大のメリットはここ。人生の大きな部分を占めるのは仕事です。これが楽しい時間になれ

ば、肉体的にも精神的にも豊かな人生を歩めるでしょう。

私は土木公務員からウェブマーケターに転職し、2年後にはフリーランスになり、今は会社役員をして、キャリアを自由に組み立てられています。人によっては最初に転職した中小企業でプロジェクトを成し遂げて大企業に行ったり、あるいは、ベンチャー企業に行ってみることも可能ですね。**同じ業界・職種でさまざまな企業で働けるのは、民間企業ならではの面白さです。**

なお、好きなことを仕事にするのはデメリットもはらみます。これについては**テクニック50**で最後に説明しましょう。

2. 市場価値のあるスキルが身につく

公務員は定期的に異動するため、特定分野でのスキルアップが難しい側面があります。行政のプロフェッショナルにはなるのですが、それは民間企業ではさほど期待されないスキルです。転職活動を始めると「企業から求められるスキルがない」と痛感する人も多いでしょう。

民間企業に転職し、市場価値のあるスキルを身につけられれば、年収が上がったり、次の転職がやりやすくなったり、万が一の倒産に強くなったりと多くのメリットがあります。

もちろん転職するだけで市場価値のあるスキルが身につくわけではありません。勉強する必要はあります。とはいえ同じ業界で仕事を続けられるため、公務員よりスキルの専門性を高められるのは確かです。市場価値のある人材に成長していけるでしょう。

3．労働環境が改善される可能性がある

公務員の労働環境はかなり整えられていますが、なかにはブラックな部署もあります。そんな部署にいる方が**仮にホワイト企業に転職できれば、自分の時間を増やせます。**プライベートと仕事の両立。ワークライフバランスが取れた生活を送れます。

私の転職先はまさにホワイト企業で、繁忙期以外の残業は月5時間もなかったはずです。帰宅後にスキルアップしたり、趣味を楽しんだりと、プライベートも充実した生活でした。

確実にホワイト企業を見分けるのは難しいですが、もし、今の勤務先が超ブラックであれば転職で多少は改善するでしょう。ホワイト企業を見分ける方法は**テクニック19**でご紹介します。

4．副業ができる可能性がある

公務員の副業は制限されています。禁止ではなく制限が正しく、許可を得れば可能…といいつつ、営利を目的とした副業は実質禁止みたいなものです。民間企業では副業解禁が少しずつ進んでいますが、営利を目的とした公務員の副業の解禁は今後も大きく進みはしないでしょう。世論的にも認められづらいと思います。

副業ＯＫの民間企業に転職できれば、帰宅後や土日を使って収入を増やせますね。**月５万円の副業でも年収で見れば60万円も上がります。**

しかし、これも確実とはいえません。副業を制限する民間企業もまだまだあります。パーソル総合研究所の調べ（※）によると、２０２１年では「副業を全面禁止する企業が45・１％、条件付きで容認するのが31％、全面容認が23・７％」でした。まだまだ副業ＯＫの会社は少ないのが現状です。副業にチャレンジしたい方は、面接時に確認しておきましょう。

５．リスクは上がるが、リターンの幅が広がる

年収やボーナスの話をしましょう。といっても、これは年齢やスキルで異なるので、全体の傾向をお話しします。**公務員を辞めるとリスク（不景気の影響や倒産リスク）が上がり、その代わりリターン（給料やボーナス）の「幅」が上にも下にも広がります。**

民間企業では業績により給料やボーナスが減ることも、増えることもあります。好景気なら給料も上がるし、不景気なら減ります。よくも悪くも、生活に波が生まれるでしょう。

次に、公務員を続けるメリットも見ていきましょう。よい仕事なんですよ、公務員。

※パーソル総合研究所『第二回　副業の実態・意識に関する定量調査』

公務員を続けるメリット

1．安定して収入を得られる

最大のメリットです。どんな企業でも倒産する可能性があります。これから先の社会がどう変化するかもわかりません。しかし公務員は倒産しにくく、給料は安定して、ボーナスも必ず出る。すごいことです。

生涯年収では大企業よりは劣るものの、多くの中小企業より公務員の給料は高くなります。公務員の生涯年収を超えるには、大企業に行くか、平均レベルの中小企業に行き、副業でカバーするなどが必要です。

公務員を辞めて後悔する日が、必ず一度は来ます。その理由はきっと、給料か安定性についてです。

2．充実した福利厚生のもと働ける

公務員は給料だけでなく、福利厚生も充実しています。

まず、有給休暇が多いです。公務員らしくいえば年次休暇です。本書ではわかりやすく有休と統一します。**民間企業の入社1年目の有休は労働基準法で定められた最低限の10日から付与されるのがほとんどです。**しかも付与されるのは勤務6か月後です。労働基準法の最低限ベー

スで増えていくと、公務員と同じように年間20日もらえるのは勤続6年半経ってからです。自治体によっても変わりますが、公務員は1年目から20日の有休が与えられます。

出産・育児休暇

出産・育児休暇も公務員は多めです。公務員の産休取得期間は産前・産後どちらも8週間です。民間企業では産前6週間、産後8週間です。もちろん、この数字は労働基準法で定められた最低限の長さです。民間企業によっては独自に産休を長く設けていることもありますが、たいていは最低限のところが多いでしょう。公務員は2週間長く産前休暇を取れます。

育児休暇は、常勤の公務員は子どもが3歳になる前日まで取得できます。民間企業では延長可能な条件を満たさなければ原則1年間です（※1）。

病気休暇も公務員らしい福利厚生ですね。国家公務員の病気休暇は原則で連続90日も取得できます（地方公務員は自治体ごとに条例で定めています）。この90日間は給料の100％が支給されます。民間企業で病気休暇を導入しているのは23・8％。導入されている企業のうち、休暇中の賃金が全額支給されるのは44・5％、一部支給が18・1％、無給が37・4％（※2）です。

※１　手当の支給については、保育所に入所できない等の一定の事由がある場合は宮・民ともに最長２年まで延長できます。

※２　厚生労働省『病気休暇制度周知リーフレット（令和４年度）』

社会保険

社会保険の一部が民間企業より優れています。公務員は共済組合という健康保険に加入していて、これは、中小企業の健康保険より保険料が1割ほど安いことが多いです。中小企業が多く加入する協会けんぽの多くは、保険料率が10％ほど。これを労使で折半して支払うので、給料の5％ほどが健康保険料として給料から引かれます。公務員の共済組合の健康保険は保険料率が8～9％ほどなので、労使折半すると4～4・5％です。

普段は意識しない福利厚生かもしれませんが、万一のときに大きな力を発揮します。公務員の給料は平均ベースですが、福利厚生の分も含めて考えると、かなり高水準です。

3．国や地元への貢献ができる

民間企業でも社会貢献はできますし、委託されれば行政サービスも提供できます。しかし「行政」に深く携わり、直接的な貢献ができるのは公務員だけです。

死ぬほど聞いた言葉だと思いますが、公務員は全体の奉仕者です。成り立ちからして、民間企業とは異なります。公務員にしかできない仕事もたくさんあります。

4．リターンの幅は狭いが、リスクも少ない

公務員を続けると、よい意味で収入に波がない人生を送れます。**収入を予測しやすいので、人生計画を立てやすい職業です。** 10年後には貯金が何百万円、マイホームはこの年に、子どもは２人までならＯＫ、老後には退職金が…と、明確なライフプランを作れますね。

景気の影響もそれほど受けません。よくも悪くもです。好景気で民間企業がバブリーに稼いでいても、公務員はそれほど大きくは稼げません。その代わり不景気になっても、それほど給料は下がりません。**大金持ちになることはありませんが、貧乏になることもない職業です**（若いうちは除く）。

リターンを増やすにはリスクを増やさないといけないのが資本主義の原則です。リスクの低い銀行預金だと利子は全然つきませんが、株式にするとリスクの代わりに高いリターンを得る可能性が生まれます。そういう視点で考えると、公務員は低リスクながら、リターンも悪くありません。

ただし、ここで紹介したメリット・デメリットはあくまで一般論なので、そのまま飲み込まないのがコツです。 メリット・デメリットは人の価値観によって重みが変わります。お金を重視する人もいれば、人生の楽しさを重視する人もいます。

人生の優先度を考えてみましょう。低リスクでお金と安定を重視するか（公務員）。ハイリスクでやりたいことと楽しさを優先するか（起業）。あるいは、そのちょうどよい中間にいるか（民間企業）。ちょっと遠回りに思うかもしれませんが、自分の価値観をしっかり整理しておくことで、後悔しない転職ができますよ。

「もったいない」を信じない

「せっかく勉強して公務員になったのに…もったいない」と言われると、辞める勇気がなくなることもありますね。

「もったいない」は大変恐ろしい言葉で、気軽に信用してはいけません。多くの人が、使える物は捨てないほうがよいとする価値観を持っています。もったいないと言われると「捨てるメリット」に目を向けなくなり、とりあえず大切にしてしまいます。心理学ではこれをコンコルド効果と呼びます。すでに支払ってしまったお金・時間をもったいないと思うばかりに、正常な判断ができなくなる現象です。

公務員を辞めると、せっかく勉強した公務員試験の知識が無駄になるのと、ある程度の倍率を勝ち取って手に入れた安定が失われます。確かにもったいないことです。しかし、デメリットばかりを見るのではなく、メリットにも目を向けるのが正しい判断をするコツです。辞めればやりたい仕事ができるなどメリットもあります。**具体性のない「もったいない」は信用せず、**

数字で考えていくと後悔しにくくなります。

まとめ

一般論ではなく、自分の価値観で公務員を辞めるメリット・デメリットを整理しよう。

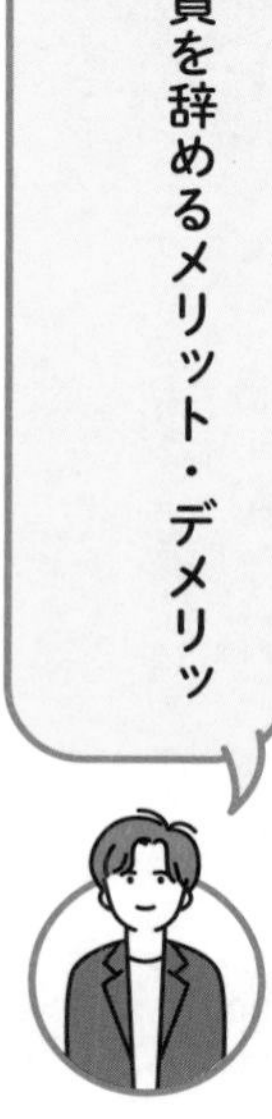

公務員を辞めても改善されないもの

公務員は頑張りが反映されない？

公務員は頑張りが給料に強く反映されない。でも民間企業なら、頑張ったら給料が上がる。よくいわれることですが、ウソではないです。しかし、給料を上げない企業もたくさんあります。**残念ながら、公務員を辞めれば悩みが１００％解決されるわけではありません。**内容によっては、退職ではなく、異動や休職がより適した選択になるかもしれません。**民間企業だからといって、業績に応じて必ず給料が上がるわけでもありません。**それができるのは、そこそこ景気がよい企業です。

頑張りに応じて…でわかりやすいのは、営業職でしょうか。契約件数に応じて給料が増える、インセンティブと呼ばれるものですね。これは企業により千差万別です。よくあるのは「ノルマを超えた分の契約額のうち、10％がインセンティブ」ですね。ノルマ契約額が30万円のところ、あなたが50万円契約したら…。ノルマを超過した金額が20万円ですから、その10％。2万円がインセンティブです。

もっといえば、頑張っても成果が出なければ給料が減ることもあります。反映されるのは「頑張り」ではなく「結果」のシビアな世界です。

もっともっといえば、あなたが成果を上げても、会社の売上がダウンしていれば給料が減ることもあります。ないものは出せませんから。

ドロドロの人間関係やパワハラ

公務員、人間関係がドロドロしていることも多いです。特に市役所は閉鎖的な空間で、人の入れ替わりがないためです。喧嘩・不倫・あれやこれや…。昼ドラみたいなドロドロの人間関係は、公務員だけで起こる…わけでもありません。**民間企業でもドロドロしていることはよくあります。人の入れ替わりは頻繁ですが、人間関係はどこだって荒れる可能性があります。**

パワハラ上司は民間企業にもいます。転職先でどんな人が上司になるかは運です。面接で上司になる人が出てくれれば判断もできますが、そうでない場合はよい上司に当たることを祈るしかありません。

いま公務員でパワハラで苦しんでいるなら、まず人事や組合に相談してみてください。相談で解決しなかったとしても、相談した事実を残し、やるべきことはやった状態にしておきましょう。相談するか／しないかで悩むよりも前には進みます。相談して解決すればよし。解決しなければ別の手段（異動↓休職↓転職）を考えていきましょう。

面倒くさい仕事

「面倒くさい仕事だから公務員を辞める」という話も聞きます。残念ながら、どんな職業も面倒くさい仕事がたっぷりあります。**民間企業にも面倒な決裁（民間企業では稟議ということが多いです）があり、ときに面倒な付き合いもあります。**

取引先の利益を考えず、好きなように活動して稼ぐには、アーティストの領域まで達しなければなりません。どうやらやはり、誰かの面倒くさいことを代行するのが仕事の本質のようです。

まとめ

公務員は特殊な仕事だけど、組織で仕事をする点では民間企業も同じ。転職はすべてを解決する手段ではない。

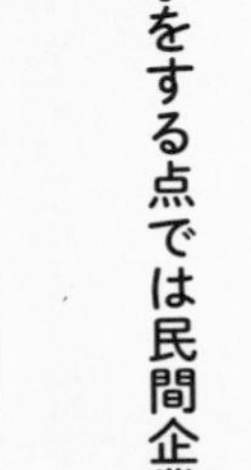

1年目に辞めてよい？

身体的・精神的に続けるのがあまりにも辛い場合は、通院や休職のうえ、それでも回復しないようであれば辞めてよいでしょう。しかし、耐えられる程度（この判断はすごく難しいけれど）の残業や、仕事が思ったより楽しくない、あるいはイメージと違った程度であれば辞めないほうがよいかもしれません。

どの仕事にもいえますが、仕事が面白いと思えるまでに時間がかかることがあります。例えば私が担当していた土木分野なら、発注業務は（個人的に）まったく面白くないです。ところが、夏から秋くらいになると面白くなってきます。重機が動いているのを見るとワクワクしますし、道路が完成したときには大きな喜びがあります。**公務員の仕事は1年スパンで**

進むので、楽しいと思える瞬間まで時間がかかることが多々あるのです。2年目になって全体像が見えると、もっと面白くなることもあります。

そういうわけで、1年目に辞めたいと思っている方はもう少し公務員を続けてみてはいかがでしょうか。面白いと感じることもあるかもしれませんよ。それからでも遅くはありません。

それと、履歴書の見た目も一考すべきポイントです。転職するときは必ず履歴書を提出します。**1年目の途中で公務員を辞めると、今後の人生で履歴書に「私は、公務員を1年経たずに辞めました」と書き続けることになります。**もちろん、公務員を辞めた後にしっかりしたキャリアを積めれば問題にはなりませんが、それには実力も必要になります。

何歳まで続けるべきかといえば、個人的には新卒なら2年から3年ほどだと思います。これは民間企業に転職した後も同様です。私は公務員として、丸3年と5か月、民間企業では、2年働き独立しました。

まとめ

仕事がつまらなくても1年は頑張ってみては。それまでのつまらなさを取り返すほど、嬉しい瞬間もときにはある。

幸せになれる人は「行動できる人」×「継続できる人」

高校を中退して溶接工からキャリアをスタートし、今は日本最大級の外国人向けメディアYOLO JAPANの代表を務める加地太祐氏は、著書『成功する人の考え方』（２０１６年 ダイヤモンド社）でこのように語っています。「僕の手元にはこんなデータがある。希望を持つ人が1万人いても、挑戦する人は、そのうちたった1％の100人である。そして、100人の挑戦者のうち、継続できる人はたった1％のひとりである。」

本当に1万人に1人かといえば…、肌感では、もう少しいるとは思います。

「転職して幸せになれるか」は大変難しいテーマです。あえていうなら、皆様それぞれの幸せの定義を満たす内定が取れれば、それは幸せになれるといってもよいでしょう。

本書は、「公務員は優秀」と語る一方で「転職で幸せになれる人は少ない」とする点もあり、どちらなのかハッキリ見えてきません。ここでいったん総括すると、次のようになります。

それなりに倍率のある公務員試験に正々堂々挑み合格している以上、公務員は一定の学力はあり、優秀な方が多いと私は思っています。**ただ、民間企業は利益を求めるため、この文化の違いになじむには努力が必要ですし、公務員より変化の激しい環境で生き残るためには継続的**

な学習も必要です。 自らキャリアプランを作り、目標に向かってスケジュールを作り、帰宅後に勉強している公務員が何人いるかといえば、これも肌感ですが少数派だと思います。だから、公務員から転職して幸せになれる人は多くないのでは…といった具合です。もちろん、転職を機に勉強する習慣を作れば、転職しても問題なく幸せになれます。

イノウエガクはどうなのか

私はどうか？ ちょっと後悔しています。**のんびり好きなことをやるだけなら公務員でよかったです。**

でも、後悔は半分だけです。好きなことをやれる時間はずっと増えました。ストレスも減りました。民間企業に転職した直後は年収は下がりましたが、2年かけて昇給し、公務員レベルまで持ち直しています。独立して役員になった今は、公務員時代より年収は高くなっています（土日も関係なく働いているので労働時間も増えましたが）。

とはいえ、公務員を辞めてからたった3年の話です。私は仕事が特別できるわけではありませんから、この先どうなるかはわかりません。

自分が選んだ選択を正しくするには、その道である程度成功する必要があります。 そのためには自主的なスキルアップや行動を継続しなければなりません。
もちろん、今のあなたが行動を継続できなくとも問題はありません。行動を継続するのは才能ではなく技術やちょっとしたコツです。モチベーションを保つことができれば、誰だって1万人に1人になれる可能性があります。

まとめ

幸せになれるのは、行動して、継続できる人。自分の選択が間違いにならないように努力を続ければ、誰でも幸せになれる。

column 01

公務員を辞めるメリット、続けるメリットをAIに聞いてみた

ＡＩのパワーを体感してみましょう。

OpenAI社の「ChatGPT-4」に「公務員を辞めるメリットと続けるメリットをそれぞれまとめてください」と指示してみました。コンピュータが作った文章と思えないほどのクオリティです。

公務員を辞めるメリット：

民間企業では、キャリアアップや昇進のチャンスが広がります。また、能力や実績に応じた報酬が期待できるため、高収入を目指すことが可能です。さらに、専門分野を深く追求することができる職種が多く、新しい技術や知識を学びたい方には魅力的です。職場環境の変化により、新たな人間関係を築くチャンスもあります。

公務員を続けるメリット：

公務員として働くと、安定した給与と福利厚生が受けられます。特に、年金制度や退職金制度は民間企業と比較して優れていることが多いです。また、労働時間が一定であり、休日も確保されているため、プライベートと仕事のバランスを保ちやすいです。さらに、地域や国の発展に貢献することができるため、やりがいを感じることができます。

この文章はＡＩが書きました。1文字も修正していません。

こういったツールによって、仕事のあり方がガラッと変わろうとしているまっただ中です。もし転職できても、その仕事が5年後も残っているかといえば、確実ではありません。どんなに安泰といわれる仕事・会社でも、安心できない時代です。そんな時代を生き残るには、時代に求められるスキルを習得し続けなければなりません。逆にいえば、それができれば安泰です。

転職活動にＡＩを使っていいの？

ＡＩで作った文章で転職活動をしたとき、採用担当者がどう思うか調査したデータがあります。株式会社ワークポート『転職活動におけるChatGPT利用の印象』によれば対象者全員にもし候補者がChatGPTを使って選考書類を作成していた場合、採用意欲に影響はあるか聞いたところ75・5％が「変わらない」と回答し、基本的に採用意欲への影響はないとする回答が大多数を占めました。また、「採用意欲が下がる」との回答は22・3％、「採用意欲が上がる」との回答は2・2％にとどまりました。応募者本人が作った文章ではないことが悪い印象を与えることもあるようです。

本書でもＡＩを活用して職務経歴書を作る方法を紹介していますが、あくまで補助の手段です。たとえＡＩが作った文章がいくら素晴らしくとも、あなたのストーリーや熱意は語られません。ＡＩが出力した文章はアイデアの1つとして活用しましょう。

第2章

転職してどうなるかを「数字」で考える９のテクニック

―無意味な恐怖を消し去る方法―

年を取ると頑固になるといいます。年齢に応じて経験が増えていき、自分の中で「自分なりの人生の法則」がカチコチに出来上がっていくためです。

転職に対する考え方もその１つ。転職には危険が伴いますが、そのリスクを正しく判断していない人も見られます。必要以上に恐れている人が多いのです。

「なんとなく怖い」と思っている方は要注意。リスクを具体化できていない証拠です。そこで第２章では、公務員からの転職リスクを数字で判断し、転職に対するイメージを変えてみましょう。

テクニック

1

「お金の安定」と「人生の幸せ」とどちらが大切か

「公務員は安定しているからいいじゃないか！」私のYouTubeでいただくコメントランキングでも、上位になるであろうコメントがこれです。

公務員を辞めようか悩んでいる方も「忙しいけど安定しているから…」と自分に言い聞かせているのではないでしょうか。しかし、**人生は幸せになるのが最大の目標で、その手段にお金の安定がある、そういう順番です。**お金の安定が目標になって、人生の幸せがなくなっては元も子もありません。

お金が大切か、幸せが大切か。いつだって議論になるテーマです。「お金で食べ物は買えても食欲は買えないし、家は買えても家庭は買えない」と言う方もいます。そんなことをいったって、資本主義ですから、幸せにお金は必要です。

これは優先度よりも必要・十分の関係で考えるほうがよいでしょう。**人間が生きるには「水」**

が必要ですが「水」だけでは生きていけません。水は生存の「必要条件」ですが「十分条件」ではありません。同様に、お金は幸せになるための「必要条件」ですが「十分条件」ではないのです。お金は幸せになるための手段にすぎません。この関係性がゴチャゴチャになっていませんか。

公務員は、心身がギリギリのラインを攻めてまで続けるほどの仕事ではありません。再起が難しくなるほどのリスクを負ったとしても、公務員の給料はそれに見合うほど高くありません。「まだいける」は危険サイン。「自分、メンタル強いから大丈夫」と思っている人も同様です。自身のメンタルの強さを過信する人ほど危ないと思います。

何より優先すべきは人生の幸せです。組織が安定していたって、自分が幸せでなければ安定している意味もありません。人生を幸せに生きることが目標で、そのためにお金、つまり仕事が必要なんです。幸せが先、お金が後です。

まとめ

組織や収入が安定しても、自分の心が安定しなければ意味がない。幸せになるために人生を生きよう。

テクニック

2 「公務員でダメなら他もダメ」は全部ウソ

「公務員でダメなら、民間企業ではやっていけない」という話は、誰しも耳にするのではないでしょうか。そのようなことはありません。

仕事の難しさを「民間企業∨公務員」とイメージするかもしれませんが、こんな単純な不等式ではありません。仕事の難しさは業界や役職、プロジェクトの背景や目標によってバラバラです。**公務員にだって難しい仕事がたくさんあり、皆様はそういう仕事もしているはずです。**

民間企業のサラリーマンにも優秀でない人がいる

公務員として働いていると、民間企業のサラリーマンは全員が優秀に思えます。転職したとして、優秀なサラリーマンに並んで結果を出せるのかと、心配になることもあると思います。

安心してください。民間企業にも優秀ではない人がいます。

まったくコミュニケーションをとらない人、一度で覚えないのにメモを取らない人、Excelで計算したデータを電卓で精査させる上司…。こういった人も民間企業で働いています。「無能ならクビになるんじゃ？」と思いますが、民間企業の正社員も能力不足では滅多にクビになりません。一応可能なのですが、正社員をクビにするのは、法的にハードルが高いのです。ですので「シュレッダー係」のような本人にとって苦痛を伴うような仕事を与えて自主退職に追い込むのが企業のやり口…というのは一旦置いておきましょう。

ここで意識しておきたいのは、無能でも特別に優秀でもない普通の人です。人並みに働いて、人並みにミスをして、人並みにゆっくり成長する人。世の中はこういう人が大多数で、いい意味で組織の歯車として活躍しています。

企業としては、指示に従ってくれて、よくも悪くもない成果を上げる人であれば十分です。普通の人を採用して、普通に働いてもらえれば回るようなビジネスモデルにしています。優秀な人でしか回らないなら破綻するでしょう。

民間企業は優秀でなければ生き残れない世界ではありません。先輩から仕事を教わって、メモを取り、ミスしないように仕事を進めて、間違ったら謝って、1日の終わりに反省して、1日1時間は家で勉強して目標を持って働くような人は民間企業で生き残れると思います。高い年収を求めるとなると、また別の話ですけどね。

まとめ

「公務員でダメなら他もダメ」はウソ。公務員はけっこう難しい仕事もしている。「民間では働けない」と選択肢を捨てないで！

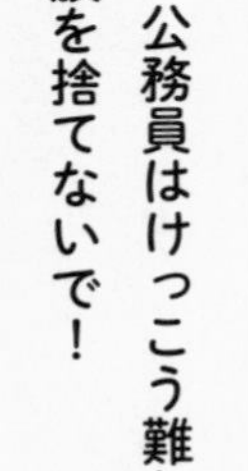

テクニック

3 A4用紙1枚で「なんとなく怖い」を消し去る方法

不安の正体は？

公務員を辞めることを「なんとなく怖い」と思っている方は、怖さを具体的な数字にしていきましょう。人間はハッキリしないものに不安を感じます。

子どものころ、夜にトイレに行こうとすると暗い廊下が怖くて歩けないときがありました。お化けがいると思っていたのです。壁の模様はお化けのように見えました。大人になってお化けが怖くなくなったのは、怖いモノの正体を知ったからです。具体化すれば怖さはなくなります。

大人になったら別のものが怖くなります。将来のことですね。**老後に2000万円必要といわれているのに貯金がない。来週までに提出する仕事があるけどまだ手がついていない。公務員を辞めたいけど、その先が怖くて辞められない。どれも不安に感じます。**

これらも、お化けが怖かったことと原理原則は変わっていません。老後資金が不安なのは、自分の老後にいくら必要で、いくら貯金できるかが不明瞭だからです。来週までの仕事に着手できず不安なのは、残りの工数があとどれくらいかわからないためです。その仕事が3時間で終わるなら、どこかで3時間空ければいいだけです（それが難しいのは置いておいて！）。

A4用紙に不安を書き出す

公務員を辞めたいけれど、怖くて辞められないのは、何を失うか具体的ではないためです。

A4用紙を1枚用意して、怖いと思うことをすべて書いてみてください。「福利厚生が減る」ではいけません。民間企業にも福利厚生はあります。

例えば、国家公務員にはこのような福利厚生が設けられています。すべてを比較すると膨大な量になり、かつ自治体により福利厚生は異なるので、一部を抜粋して紹介します。

・年次休暇　　　　・住居手当
・病気休暇　　　　・単身赴任手当
・扶養手当　　　　・期末手当
・通勤手当　　　　・勤勉手当

民間企業に転職すると、これらすべてがなくなるわけではありません。例えば、年次休暇は民間企業では有給休暇として付与されます。ただし日数が減ることが多いです。公務員は年20日付与されますが、民間企業では法律上最低限の1年で10日からスタートし、徐々に増えていく形がメジャーでしたね。「マイナス10日」です。

また、民間企業には、別の福利厚生があるかもしれません。資格手当や社員食堂が無料で使えるなどですね。

転職のメリットとデメリットを数字で明確にし、具体的に判断できるようにしましょう。すると「怖い」ではなく「デメリット」になり、それを納得できるかどうか判断できるようになります。

まとめ

転職の何が怖いか明確にしよう。数字で判断できる粒度まで細かくすれば、大人の判断ができる。

テクニック

4

得意な「仕事フェーズ」を見極めてパフォーマンスを発揮する

「ゼロイチ」という言葉をご存じでしょうか。世にないサービスを0から生み出し、1を作るという言葉です。起業家がよく使っていますね。

世の中のサービスには、0から1、1から10、10から100にするフェーズがあるといわれます。

0から1は先ほどのとおり、新しいサービスを作るフェーズです。今までなかったものを生み出すわけですから、「天才タイプ」とされる人が多い印象です。

1から10は、最小限でリリースされたサービスを拡充するフェーズ。まだ完璧ではない事業を軌道に乗せるため、何でも屋な「秀才タイプ」が必要なところ。

10から100は軌道に乗った事業を少しずつ大きくしていくフェーズ。部署ごとに特化して高い専門性を持ち、ミスなく仕事を粛々と進めることが求められます。0から1が格好良く見えるかもしれませんが、１から10、10から１００も同様に大切な仕事です。

公務員の仕事は10から１００に当たります。**公務員の働き方からなるべく近い転職をするのであれば、10から１００をしている企業に行くとよいでしょう。**業界である程度大きなシェアを占めていて、総務・人事・経理部などがあるような階層式構造の会社です。

公務員の10から１００が向いてないと思うなら、０から１あるいは１から10の仕事でよりパフォーマンスを発揮できるかもしれません。

ちなみに私は、10から１００（公務員）→１から10（民間企業）→０から１（独立）とすべてやってきました。１から10が得意なフェーズのようです。**得意なポジションで戦うほうがパフォーマンスを発揮できます。働きやすいので精神的にも安定します。**

まとめ

転職先の業界選びとはまた別の話として、自分の得意なフェーズを見極めておこう。会社選びに役立つ。

テクニック

5 退職金・年金の違いを押さえる

よく「公務員の退職金や年金は、民間企業よりも恵まれている」と言われますね。退職前に違いを押さえておきましょう。

退職金の違い

雇用保険に入っていない公務員は、「雇用保険の手当」は受け取れません。その代わり、公務員は「独自の退職手当」が出ます（懲戒免職だと出ないこともある）。民間企業のサラリーマン（雇用保険に加入している）は退職時に「雇用保険の手当」と、それとは別に企業独自の退職金がもらえる場合もあります。ただし、企業独自の退職金は法律で義務づけられているわけではありません。

とはいっても、多くの企業で退職金の仕組みはあります。人事院の調査（※）では、「事務・

※令和４年４月21日『民間の退職金及び企業年金の実態調査の結果並びに国家公務員の退職給付に係る本院の見解について 別紙』

技術関係職種の常勤従業員がいる企業４５１２１社のうち、92・3％が退職給付制度がある」と報告されています。ただし、これは従業員50人以上の企業の平均値です。別の調査になってしまいますが、都内中小企業を対象とした調査（※）では「従業員10～49人の企業で退職金制度があるのは64・６％」。ずっと少なくなりますね。

退職金制度があったとしても、会社が倒産した場合、退職金がもらえないパターンもあります。普通はもらえるのですよ。就業規則に「退職金を払います」とあれば、会社は労働者への退職金の支払義務が生じます。また、中小企業退職金共済制度などを利用して退職金を別組織で運用している場合は、倒産しても退職金を受け取れます。しかし、これらの制度を使っておらず、会社の金庫がスッカラカンだと退職金はもらえません。**求人票などで、どのような退職金制度を採用しているか確認しておきましょう。**

年金の違い

大きな違いが「あった」部分です。かつて民間企業のサラリーマンが加入する公的年金制度「厚生年金」に公務員や一部の私学教職員は加入しておらず、「共済年金」という公務員独自の年金に加入していました。保険料率が低かったのです。

しかし、これは２０１５年に是正され、共済年金の保険料率が厚生年金へと統一されまし

※東京都産業労働局「中小企業の賃金・退職金事情（令和４年版）」

2015年までの年金制度

	民間企業	公務員・私学教職員
3階	企業年金	職域部分
2階	老齢厚生年金	退職共済年金
1階	老齢基礎年金（国民年金）	

統一後の年金制度

	民間企業	公務員・私学教職員
3階	企業年金（ない企業もある）	年金払い退職給付
2階	老齢厚生年金（民間企業と同じに）	
1階	老齢基礎年金（国民年金）	

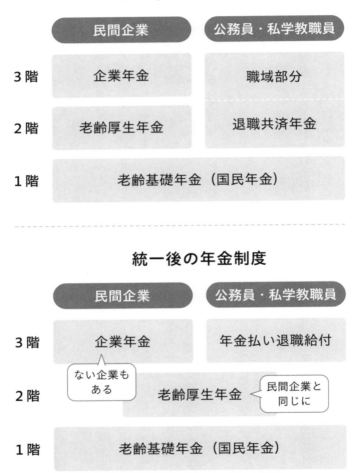

た。退職共済年金は厚生年金に統一されました（私学教員の共済年金は２０２７年に統一されます）。

厳密にはまだ違いがありまして、それが年金払い退職給付です。これは民間企業でいう企業年金に当たります。企業年金は会社や個人がさらにお金を出して加入する私的年金です。企業年金があると民間企業のサラリーマンがもらえる年金が3階建てになりますね。これに相当する仕組みが公務員の年金払い退職給付です。毎月の給料から積み立てたものを65歳以降に少しずつ受け取ります。**公務員はデフォルトで年金払い退職給付があるのですが、民間企業だと企業年金がないこともあります。**人事院の調査（※）では従業員１０００人以上の大きな会社では84・１％は企業年金の仕組みがありますが、50〜１００人の会社だと27・２％となっています。このあたりも転職時に注目したいポイントですね。

求人票に退職金が書いていない！

困ったことに、退職金や企業年金の制度があるか、転職サイトの求人票に書かれていないことがあります。書いていないけど、実際はあるパターンもあります。面接やメールで聞かないと細かいところがわかりません。

１次面接の序盤から「退職金ありますか？」と聞くとお金ファーストな印象を与えるので（間

※令和４年４月21日『民間の退職金及び企業年金の実態調査の結果並びに国家公務員の退職給付に係る本院の見解について 別紙』

違ってはいないんですけどね）、２次面接などの後半戦で聞くとよいでしょう。内定を取った後でもＯＫです。「長く御社で働きたく思っています。そこで福利厚生や退職金制度についてもよければ教えていただけませんでしょうか」のような聞き方だとカドも立ちません。

まとめ

公務員は退職金・年金どちらもハイスペック。民間企業の求人票には退職金情報が書いていないこともあるので、内定を承諾する前に聞いておこう。

テクニック

6 転職後のキャリアパスの描き方

公務員のキャリアパスと民間企業でのキャリアパス

キャリアパスとは、組織の中で、仕事の目標に向かっていくための道筋です。公務員として働いていれば、ある程度、出世ルートが見えていますね。主任になり、係長になり、課長になり…といった具合です。

転職に成功した場合、今までよりも明確に、キャリアパスを描く必要があります。例えば、25歳でプログラマーに転職、35歳でシステムエンジニアに…のようなお話です。

転職先の企業で何を成し遂げ、どのような能力を身につけ、どれくらいの職位に立ちたいかを考えておきましょう。ついでに、転職の面接でもよく聞かれるので、面接対策にもなります。

キャリアパスの考え方

キャリアパスを考えるときに、いくつか押さえるポイントがあります。

1．社会、会社のニーズと自分の能力

その会社で定年退職まで働くのもよいことです。しかし、万一の倒産などに備えるなら、**他社からも評価されるような実績を作り、どの会社でも生きていける人材になることが1つの目標です。**かといって会社の将来をまったく考えず、自己中心的なキャリアパスを作ると、会社のニーズとミスマッチを起こします。雇用とは、「働いてあげるからお給料ちょうだいね」というギブ&テイクの関係です。面接で「我が社に入社した後は、どのようなキャリアパスを描いていますか？」という質問がよくされるのですが、これは、業界の今後を見据えているかと、単純に、会社と従業員の未来がマッチングするかを見ているのです。会社が求める能力・結果と、従業員が提供する能力・結果がマッチングし続けると、その会社で生き残っていけるわけですね。

2．年齢（＝体力）

老化は体力だけでなく、気力も減らしていきます。新しいことを覚えるのは、少しずつおっくうになっていくと考えておくほうが無難です。年老いた自分が若者と同じペースで仕事や勉

強を続けられるか？　という視点です。**中堅になる頃にはそれなりの職位に立ち、あまり変化の少ない仕事をするような働き方も視野には入れておきたいですね。**

アメリカの心理学者ドナルド・Ｅ・スーパーの「ライフ・ステージ論」がこれをわかりやすく言語化しています。

成長期―０－15歳―身体的成長、自己概念の形成が中心
探索期―16－25歳―さまざまな仕事やその必要要件を知る、仕事に就く
確立期―26－45歳―特定の職業分野に根を下ろし、さらに責任ある地位を求める
維持期―46－65歳―職業的地位を維持しつつ、新スキルを習得、退職準備もする
下降期―66歳～　―スローダウンし、有給の仕事から遠ざかる

１９５０年代に登場した古いキャリア理論ですが、現代にも通用しますね。

3．人生の目標

将来、どこに住んでいるでしょうか。家族は何人になるでしょうか。家や車は。５年後、10年後を考えてみましょう。**人生の目標によって必要なお金や、やりたい仕事は変わってきます。**

それに合わせて、仕事も変えなければなりません。

キャリアパスの例文

以上3つを考えつつ、次のように言語化してみましょう。例文通りに作るのがキャリアパスではありませんが、面接で使える形にすることをまずゴールとします。

例えば、営業職ならこんな文章です。

前職では公務員として他機関調整などの業務を担当しておりました。その経験から、私の強みは相手が求めることを具体的に引き出すヒアリング能力と感じています。未経験転職ではありますが、この強みを活かして、顧客と深く長い関係を築く営業パーソンになることが転職直後の目標です。

10年後には管理職として人材育成に取り組み、御社製品の市場シェアをさらに拡大したく考えています。その前段として、入社5年後までに売上3位以内の成績を残すことが目標です。性格上、1つのことを深く追求するよりも、広くさまざまなことに対応できるゼネラルな人材になりたく考えています。AIの登場により顧客ニーズの

> 変化も激しくなると思いますので、御社が求める能力を習得しながら、キャリアアップできればと思います。

キャリアパスとして言語化するときは「〇歳までに～」ではなく「入社〇年後に～」といった言い方をすることが多いです。入社直後（〇歳）、5年後（〇歳）、10年後（〇歳）と区切って目標を作りましょう。

これは面接に通るためのパフォーマンスではありません（そういう一面もありますが）。本当に、めざすことを話しましょう。**作ったキャリアパスが、面接してくれた会社とミスマッチしているなら合格はしませんが、もしミスマッチしているなら合格しないほうがよいのです。**

まとめ

民間企業では待っていてもキャリアアップしない。具体的なキャリアパスを考えておこう。面接でも役立つ。

テクニック

7 AIによる変化に対応し続ける覚悟を持つ

対話型AI「ChatGPT」、画像生成AI「Midjourney」など、近年、注目されている生成系AIは、社会に大きな影響を与えるでしょう。iPhoneが登場した以来の衝撃とも、インターネットが登場したレベルの衝撃ともいわれるほどです。

この章では、公務員を辞めて民間企業に行った後、AIが仕事にどんな変化を及ぼすかを解説する…つもりでしたが、正直に申し上げると、よくわかりません。パンドラの箱が開いたばかりで、まだ誰も正確に予想できないのです。

世界有数の金融機関ゴールドマン・サックスの報告書（※）では次のように語られました。

・**生成系AIが約束された能力を発揮すれば、労働市場は大きな混乱に直面する可能性がある**

・アメリカの雇用の7％がAIにとって代わられ、63％がAIによって補完され、残りの

※ Global Economics Analyst『The Potentially Large Effects of Artificial Intelligence on Economic Growth (Briggs/Kodnani)』

30％は影響を受けない
・影響が大きいのは「事務」と「法務」で、40％以上がＡＩで代用される。続き建築およびエンジニアリング職が37％
・ＡＩの影響が小さい職業は清掃や修理などのメンテナンス（４％）、建設関係（６％）の職業
・新興国はまだ肉体労働の割合が比較的大きいため、ＡＩの影響は先進国の方が大きい
・**日本は世界で3番目にAIの影響を受ける予測**

現時点では、生成系ＡＩによる長期的な将来予測は、どんな報告も話半分で聞くのがちょうどよいくらいでしょう。

混乱まっただ中、もし公務員から民間企業に転職することを決意したのなら、それなりに苦労はするでしょう。**できるアドバイスは1つだけ、変化に対応し続けましょう。**

まとめ

生成系AIが社会に与える影響は未知数。それでも公務員から民間企業へ転職するなら、変化に対応し続ける覚悟が必要。

テクニック

8 辞めるかどうかは、内定を取った後に決める

ホワイト企業に転職したい

「公務員を辞めてホワイト企業に転職したいのですが、うまくいくでしょうか。人生幸せになれるでしょうか」と、よくYouTubeで質問をいただきます。**それは内定を取ってから考えてください。**

転職活動をしていないのに、よい転職ができるか考えても答えは出ません。こうお伝えしてもなかなか転職活動に踏み切れない方もいらっしゃいます。でも本当に、やってみないとわからないのです。例えば、100mを15秒以内に走りきれるかは、走ってみないとわかりません。「僕なら14秒で走れるはず…」と1年や2年もスタート地点で悩み続けている人に、あなたならどんなアドバイスをしますか？　私なら「走ってみて」と伝えます。

うまくいくかどうか考える前に、まず転職活動をしてみましょう。履歴書を作って、転職サ

イトにいくつか登録して、希望の求人に申し込んでみてください。転職活動には、まったくリスクがありません。お金もかかりません。失敗しても損をすることはまずありません。

内定をもらえたら、その会社の年収や雇用条件、将来性を公務員と比較して「ここなら公務員を続けるよりよい人生になる」と思ったら、転職しましょう。ブラック企業なら内定を承諾する前に辞退すればＯＫです。内定承諾前なら断っても問題になることはほぼありません。断るときは、「御社には魅力を感じていたのですが、給料や勤務地などの条件に折り合いがつきませんでした」「今の職場に引き留められ、残留することにしました」と伝えてください。電話もしくはメールで連絡すればＯＫです。

よい会社に転職できるかは、具体的な雇用条件がなければ判断できません。ですので、とりあえず転職活動を始めてください。

まとめ

まずは転職活動を始めよう。すべてはそれから。

テクニック

9 大きな決断を下すベストタイミング

いつ辞めるのか?

もし今、精神を病んでいたり、鬼の残業マーチが続いているのなら、転職の判断をすべきではありません。まずは休んでください。**公務員を辞めるという重大な決断は、健康な精神のもと下しましょう。そのほうが後悔も少なくなります。**

精神的に追い詰められると、正常な判断ができません。スマホをなくしたとき「電話をかければいいんだ! 俺ってば天才!」と思ってスマホを探すみたいな状態です。

もし転職するなら、できる限り今の悩みを解決したいところです。できれば有休を2~3日取って、のんびりしながら考えることにしましょう。それでも辛ければ療養休暇を取得してもよいのです。あなたがいなくても役所は回ります。

ブラック組織にいると、あなたの価値観もブラックに染まっていきます。「これが普通なんだ」

「民間企業よりはマシ」「みんな残ってるから残る」これらは周りの人間に合わせて作られた価値観です。あなた本来の価値観ではありません。

人生は自分の価値観で選びましょう。そのためには一度休んで、周りの人間と距離を置くのが一番です。本当にやりたいこと、やりたくないことを探しましょう。あなたらしい基準がみえたら、転職にも後悔は生まれません。

まとめ

遠慮なく休暇・休職の制度をフル活用して、一人の時間を作ろう。心にゆとりを持って考えれば、大きな決断ミスを下すことはない。

column 02

体験談：イノウエガクの転職先と、後悔

ここまで公務員を辞めるデメリットも紹介してきましたが、それでも私は辞めてしまいました。参考までに私の転職先と、それを選んだ理由、後悔をしているのかをご紹介します。

どこに転職して、何をしたの？

私は土木公務員からウェブマーケターに転職しました。ウェブはざっくりインターネットと思っていただいてOKです。マーケターは売る仕組みを考えて、作る人です。つまりウェブマーケターとは「インターネットを上手に使って、商品を売る仕組みを考えて作る人」です。

ウェブマーケターを選んだ理由はとても打算的です。しばらく消えない仕事だと思ったためです。

転職先で担当したのは通販サイトの運営でした。業務内容は何でも屋に近く、市場調査、商品企画、写真撮影、デザイン、プログラミング、取材、広告まで何でも。100回以上は失敗しましたが、新鮮で楽しい日々でした。公務員時代にたくさん失敗したのはよかったですね。根性と度胸だけはあります。

後悔はあるのか？

後悔はないといえばウソになります。**ボーナスが減ったとき、有休が少ないと感じたときには「公務員ってすごかったんだぁ」と痛感しました。後悔というより、元いた芝の青さを実感したのです。**

頭を抱えるほどの後悔は今のところないです。今のところ、なので10年後には後悔しているかもしれませんね。でもきっと、10年後もそんなに後悔していません。

私が楽観的なだけかもしれませんが、10年前のことを後悔するのは…経験がありません。私は今28歳ですので、10年前は18歳。ちょうど土木の大学へ進学したときです。土木の大学に行きましたが、その後ウェブマーケターになったので、この進学はかなりミスチョイス。では当時の選択を悔やむかといえば、そうでもありません。それはそれで、当時のベストアンサーを選んだだけです。その時その時の選択が成功か失敗かは、たぶん死ぬまでわかりません。

もう一度公務員をやりたい？

公務員を悪くいう気持ちはまったくない、と先に断ったうえで、もう一度公務員はあんまりやりたくありません。今は起業して自分の会社で働いていますが、うまくいかなくて、就職することになったとしても、民間企業を選ぶのではないかと思います。私の能力と、公務員よりもある程度自由さのある風土、そして公務員試験をもう一度受けたくない気持ちなどが複合した結果の答えです。ただこれは、私個人の感想です。

公務員から民間企業に転職し、また公務員に戻られる方もいらっしゃいます。最近は社会人採用であれば、年齢制限も緩くなってきています。一度公務員を退職すると二度と戻れないわけではありません。試験を受け直すので、ちょっと大変ではありますが。

第3章

1年以内に未経験転職を成功させる19のテクニック

―隠れた能力を発掘する方法―

第３章では、公務員からの転職を成功させるための具体的なテクニックをご紹介します。

・やりたい仕事の見つけ方
・職務経歴書の書き方
・面接での話し方
・ホワイト企業を見分けるコツ

私が公務員から転職するために、実際に使ったテクニックの詰め合わせです。転職活動をしながら、いっしょに読み進めてみてください。

テクニック

10 あなたの公務員・民間企業・フリーランスの適性

自分の適性を把握しよう

これからのキャリアを考えるうえで、あなたが公務員・民間企業・フリーランスのどれに向いているか把握しておきましょう。フリーランスは起業と読み替えていただいても結構です。

公務員に向いている人

○人生計画を固めたい人

○国や地域に貢献したい人

公務員に向いているのは、人生を手堅く生きたい人です。年収グラフを明確に予想し、ライフプランをガッチリ固めたいのであれば最適でしょう。組織のルールもしっかりあり、素晴らしい職業です。すでに家を建てている人・お子さんをお持ちの方にとっては、やはり公務員はよい職です（当然、国や地域に貢献したい人にも向いている仕事ですね）。

民間企業に向いている人

○能力がある人
○努力できる人

民間企業は、バランスがとれた選択だと私は感じています。努力すれば年収も上がり、能力でクビになることはほぼありません（正社員なら）。倒産する可能性はありますが、特定分野でスキルアップできるため転職もしやすいです。ただ、安定感や福利厚生は公務員に分がありますます。民間企業にいった後、公務員と同じレベルの給料を求めるのであれば、それなりに優秀でなければなりません。あるいは、優秀になるために努力ができる人ですね。

民間企業に向いていないのは、上司の命令に従うよりも、自分で考えたとおりに選びたい方です。やってみたい仕事があり、実現したい夢がある方は独立することが多いですね。

フリーランス（起業）

○さらに能力がある人

○さらに努力できる人

自分の能力で食べていくので、やはりスキルがあるほうが望ましいです。なんでもかんでも自分でやりますから、努力も必要です。稼働時間も増えるでしょう。そういえば、労働基準法は雇用された人を主な対象にしています。**フリーランスや会社役員は労働基準法の適用範囲外です。**有休もないので、風邪で休むと収入が減る、体力勝負の一面もあります。

実際にフリーランスになってみてわかりましたが、しっかり目標を持てる人が向いていると感じます。組織の一員でいれば、目標も組織が作ってくれますし、「ほれ、がんばれ」とケツも叩いてくれます。しかしフリーランスは1人。自分で目標を作り、自分でケツを叩かないといけません。逆にいえば、目標があり、自分に厳しく、能力があり、努力できて体力もある人なら、フリーランスでもきっと成功します。

まとめ

民間企業は倒産のリスクはあるが、転職に役立つスキルがあれば意外と安定する。フリーランスはハイリスクだけどハイリターン。

テクニック

11 やりたい仕事の見つけ方

「公務員は辞めたいけれど、やりたい仕事もない」こんな相談もしばしばいただきます。簡単に見つかるものではありませんが、やりたい仕事探しのコツをご紹介します。

やりたい仕事探しのコツ

1．趣味からお金にする方法へ近づける

趣味を仕事にするのはよく聞く話です。しかし、お金にならない趣味もあります。ハンドメイドでアクセサリーを作る、ゲーム、読書、筋トレなどですね。

そんなときは、**趣味に近い仕事を探してみるのも1つの手です**。ハンドメイドが好きならハンドメイド作品を売る通販サイトの運営、ゲームが好きならゲーム実況者のサポート会社、読書が好きなら書店やライター、筋トレが好きならトレーナーや筋トレグッズの開発などですね。

趣味そのままとはいきませんが、興味が持てる仕事も多いでしょう。
なお、好きな仕事に就くのは実は、デメリットもあります。これは**テクニック50**「人生を安定させる手のひら返しの力」で詳しくご紹介します。

2. 理想の生活から逆算する

「仕事は何でもよい」という人もいるでしょう。身も蓋もないことをいいますが、世の中、やりたくない仕事をやるのが普通です。「理想の生活のために、やりたくはないけど条件的によいからこの仕事をしている」のは、なんら悪い話ではありません。仕事はお金稼ぎの手段ですから。**そのように考える方は、理想の生活を定義してから、それを実現する仕事を探してみるのもよいでしょう。**

例えば、海辺のマイホームで生活することが理想だとします。逆算していきましょう。理想の生活にはマイホームが必要なので、ある程度の年収と通いやすい勤務地の仕事がよいでしょう。いくらの家が欲しいか具体的に計算してみてください。地方なら土地が安いのでマイホームも建てやすいですね。海辺で生活するなら、住む場所も絞られます。キレイな海がいいなら、さらに場所も絞られるでしょう。転勤がある仕事はNGです。場所と年収と勤務条件がわかったので、転職サイトで検索してみましょう。ヒットしたものが、あなたの理想を実現する仕事です。

3．稼げる仕事から逆算する

「何でもいいからお金が欲しい！」という方は、稼げる仕事から逆算する方法もあります。一般論では、粗利がいい業界ほど年収は高くなります。コンサルタントや金融、ＩＴ関係などですね。

他にも、売上が伸びている業界、景気がよい業界も稼ぎやすいです。ただし、どの業界も好景気が続くわけではないことはご注意ください。どのような実績を作れて、スキルを習得できて、次の転職でどう戦えるかイメージできる仕事だと安心ですね。

注意したいのが、簡単に稼げるタイプの仕事です。最近だと動画編集などがそうです。こういった仕事で独立することは可能ですし、仕事も取りやすいと思います。しかし、簡単に稼げる仕事には次々とライバルが参入してきます。供給過多になり、徐々に稼げなくなります。

そもそも論になってしまうのですが、稼げるなら仕事は何でもよいのなら、公務員が最適です。クビにならない、年収はそこそこ、ボーナスも必ず出る、社会的信用も高いです。「稼げるなら何でもよい」が成り立たずに転職したくなった方は、この選び方は向いていないかもしれません。

4.「嫌いじゃない」ことから「好き」を逆算する

やりたい仕事も理想的な生活も見つからない方は、「嫌いじゃないこと」から探してみるのもよい方法です。好きなことを挙げるのは難しいですが、嫌いなことを挙げるのは簡単です。

・人と話すのが苦手　・肉体労働は向いていない
・満員電車は嫌い　・定型の業務は苦手

できるだけたくさん羅列するとよいでしょう。嫌いなことがない仕事は、天職かもしれません。とはいえ、1つも嫌いなことがない仕事はそうそう見つかりません。**「絶対にやりたくない」「かなりやりたくない」「できればやりたくない」の3つくらいに分けて、妥協できるラインを作っておくと仕事探しが楽になります。**

一見、消極的な方法ですが、合理的なやり方だと思います。嫌いなことをやればパフォーマンスが出ません。人と話すのが苦手な方は、接客業につくと本来持っているパフォーマンスを発揮しきれません。逆にコミュニケーションが少ない仕事やメール主体の仕事なら、年収を増やせる可能性もあります。**逃げの仕事探しではなく、あなたのパフォーマンスを最大化できる仕事を選ぶような意識で探してみましょう。**

やりたい仕事探しに便利なツール

やりたい仕事が見つからないのは、まだ出会えていないからかもしれません。まだ知らない仕事に天職があるかも。世の中にどのような仕事があるか調べるには厚生労働省の「職業情報提供サイト job tag（ジョブタグ）」（※）がおすすめのツールです。ざっくりいえば仕事図鑑サイトで、受付事務からリサイクルショップの店員まで何でもあり。その仕事の平均年収や、就業するまでの一般的なルートまで載っていることもあります。

また、**さまざまな方向から、あなたにおすすめの仕事を提案してくれます**。

・適職診断　・自分の強いスキル・弱いスキル
・やりたい仕事のテーマ　・持っている資格や免許
・働く場所のイメージ　・働きたい業界
・仕事の条件（デスクワークなど）　・未経験でもなりやすい職業

国のサイトといわれると使いにくい印象があるかもしれませんが、今風のサイトで、とても使いやすいです。無料で使えるので、ぜひ活用してみましょう。

※ job tag　URL：https://shigoto.mhlw.go.jp/User/

好きが見つかる？　VPI職業興味検査

どのような職業に興味を持つか、特徴がわかるテストがVPI職業興味検査です。40問程度の質問に答えると、6種類の領域（1．現実的、2．研究的、3．芸術的、4．社会的、5．企業的、6．慣習的）のどれに関心を持つかがわかります。

ちなみに私は1．現実的（機械やものを対象とする具体的で実際的な仕事や活動が好き）、2．研究的（研究や調査のような研究的、探索的な仕事や活動が好き）の2つに当てはまりました。

VPI職業興味検査はjob tagで無料診断ができ（※）、診断結果に適した仕事も提案してくれます。**これ1つで転職先を見つけられるような試験ではありませんが、自分を見つめ直すにはとても便利なツールです。**

job tagには他にも価値観から仕事を探したり、能力面の特徴から仕事を探したりできる診断ツールもあります。これらも無料で使えるので、ぜひ活用しましょう。

まとめ

1．趣味からお金にする方法へ近づける、2．理想の生活から逆算する3．稼げる仕事から逆算する、4．嫌いじゃないことから逆算する、の4通りでやりたい仕事を見つけよう。

※ job tag　URL：https://shigoto.mhlw.go.jp/User/Search/Top

テクニック

12 「軸ずらし転職」で公務員の経歴を強みにする

知らないと損をする未経験転職の戦略

仕事には「業界」と「職種」という2つの軸があります。そのどちらかをずらして転職する方法が「軸ずらし転職」です。転職の難易度が下がるので、ぜひ覚えておきましょう。

「業界」と「職種」がわかりやすい民間企業から民間企業へ転職する場合で例えてみましょう。あなたは不動産業界の営業職です。ここからアパレル業界のウェブマーケター職種になるのは、難易度が高いでしょう。業界も職種も変えるためです。転職しやすいのは、不動産業界のまま事務職などへの転職、もしくはアパレル業界の営業職に行く転職です。**「業界」または「職種」の片方だけずらして転職すると、完全な未経験ではない転職が可能です。その分、難易度が下がります。**

軸ずらし転職のイメージ

職種＼業界	官公庁	IT	広報
マーケティング		4社目	5社目
エンジニア	2社目	3社目	
事務	1社目		

公務員も軸ずらし転職が可能です。公務員は業界が官公庁、職種がたいてい事務になります。例えば業界を官公庁のまま転職するなら、自治体向けのシステム開発会社、空き家の活用を進める会社、公共コンサルティング会社などは官公庁業界と（広めに）いえます。いわゆる自治体ビジネスなどと呼ばれます。職種を事務のまま転職するなら、一般事務か経理などが多くなるでしょう。

　年収を求めて転職するなら、業界（官公庁）を固定して、職種（事務）を変える転職がおすすめです。公務員のキャリアが強みになります。業界（官公庁）を変えて、職種（事務）を固定した転職は年収は低くなるかもしれませんが、難易度も低くなります。事務職の求人は多いですからね。

　30代以上の方は業界も職種も変える未経験転職は難しくなるため、軸ずらし転職を活用するとよいと思います。

天下りをしないように

軸ずらし転職をするとき注意しなければならないのが「天下り」です。よく問題となるのは「再就職のあっせん」ですが、**あっせんを受けない転職活動も「天下り」に該当する場合があります**。国家公務員の場合は次のように規定されています。

・あっせん規制（現役職員が企業などに、他の職員やＯＢを再就職させるために情報提供や要求・依頼をすること）
・**求職活動規制（本省課長補佐級以上に当たる職員は、利害関係企業等に就職する約束などをしてはいけない）**
・**働きかけ規制（民間企業に転職した後、離職前にいた組織の職員に働きかけなどをしてはいけない）**

再就職が決まったときは届け出を…なんてルールもあります。

地方公務員は、国家公務員のルールを参考にしつつ必要な措置を条例などで設けることになっています。国家／地方どちらも役職によって適用されるルールが異なるため、必ず最新のルールをチェックしておきましょう。

まとめ

軸ずらし転職なら公務員の経歴を強みにできる。もちろん業界・職種それぞれ未経験でも転職は可能。

テクニック

13 転職活動の「運」をシンプルに考える

転職はシンプルに

「転職」を簡単に考えましょう。とにかくテキトーに転職してみよう！　と言いたいわけではなく、転職はそれほど難しいものではないと思っていただきたいのです。

初めての転職は難しいものと考えがちです。でも転職そのものは、とても単純なものです。求職者（あなた）と求人者（企業）のマッチングです。恋愛マッチングアプリでは趣味や外見、性格などでマッチングします。転職ではそれが経歴やスキルでマッチングされるだけです。

企業は「この仕事をしてくれる人を探しています」と求人を出します。あなたが「やりたいです」と応募します。マッチングします。転職します。これが転職活動です。このとき「やりたいです」と応募するだけでは説得力が弱いので、企業の求める人材だと証明するため経歴や実績、資格を伝えます。

転職活動を始めると、たくさん「お祈り」されます。「貴殿のますますのご活躍を…」という採用お断りメールです。落胆することはありません。ただ単に、マッチングしなかったのです。もっとよい応募者がいた、あるいはキャリアパスが合わなかったなど理由があるかもしれません。能力不足だけが不採用の理由ではありません。

転職は「運」の要素を持ちます。運勝負に勝つには「1回当たりの確率」を上げ、「試行回数」を増やすしかありません。逆にいうと、これくらいしかやることはありません。

「1回当たりの確率」を上げるには、書類選考を通りやすくすることと、面接の上達が近道です。「試行回数」は、増やすしかありません。たくさん応募すれば、たくさん落ちます。仕方ありません。日本にいくつもある会社のうち1つに落ちただけです。あまりネガティブにならず、気持ちを切り替えていきましょう。

まとめ

転職は求職者と企業のマッチング。できることを伝えて、それでも落ちたら運が悪かっただけ。気にしない！

テクニック

14 完全未経験でも勝てる求人がある

経験者と戦わない戦略

軸ずらし転職ではない、完全な未経験転職には鉄則が1つあります。経験者と戦おうとしないことです。

ここで唐突な例えですが、素人が何の準備なしにボディビル大会に出場しても、周りには筋肉ムキムキの人たちがいるので勝つ確率は低いです。ここでいう「筋肉」とは、転職活動でいう、経験や実績などと考えてよいでしょう。しかし、未経験転職に成功している人は実際にいます。**そもそも、なぜ未経験者でも採用する会社があるのでしょうか。**

あなたは、ある企業の社長です。人が足りなくなったので、新しく採用することにしました。どのような人が欲しいでしょうか。できればスキルのある経験者ですが、なかなかそういう人が見つかりません。少子高齢化で労働者が減っているためです。仮にいい人がいたとしても、そういう人は引く手あまたです。ライバル会社がさらによい条件を出せばあなたの会社には来てくれません。そうなると、未経験者を採用せざるを得ません。理由は他にもあります。

＜企業が未経験者を採用する理由＞

・人が足りない
・特殊なスキルを要求するため、どのような人も未経験者になる
・新卒採用で予定通り採用できなかった
・新卒よりも、社会人マナーがある第2新卒を雇いたい
・他の会社の色がついていない人物を採用したい

そういう企業が教育コストが多少かさむことを承知で、未経験OK求人を出すのです。「よし、それなら未経験OK求人に申し込めば勝てる！」と思ったのが当時の私で、**ビックリするくらい落ちました**。難しいのは、未経験OK求人にも経験者が応募してくることです。素人向けボディビル大会に、マッチョマンが参戦することもあるのです。空気を読んでほしいものですが、参戦されたらなかなか勝てません。企業も経験者が来てくれるならうれしいですからね。

しかし、素人向けボディビル大会に、本当に素人しかいないことがあります。経験者にとっては給料が安いとか、仕事の内容が初心者向けだとか、いろいろ理由はあります。**こういう求人で「他の応募者よりも、私のほうが成長して会社に利益をもたらすよ」とアピールできれば、**

完全な未経験転職でも勝機があります。

公務員から転職すると給料が下がる？

給料が下がるのはさまざまな理由があります。業界全体で給料が低い、前職の経歴を評価されず完全な未経験として採用された、あまりお金がない会社だった、などです。ちなみに私は下がりました。土木公務員からウェブマーケターという前後がつながらない転職なので、前職のキャリアはあまり評価されなかったのだと思います。

逆に給料が上がる人もいます。業界を官公庁に固定した「軸ずらし転職」を成功させた方々は、給料を上げている印象があります。

同じ能力でも、会社によって評価は変わります。公務員としてのキャリアを評価してくれる会社と出会えれば、何よりです。

まとめ

未経験ＯＫ求人でも経験者が優遇される。経験者がいたらなかなか勝てないので、試行回数はある程度必要。

テクニック

15 資格取得を待たない

資格があっても未経験なのはそのまま

「転職を考えているんですが、役立つ資格は何ですか」とよく聞かれます。答えは「先に転職活動を始めてください」です。

簿記など転職に有用な資格があと数か月で取れるなら、資格取得後に転職活動をしてもよいと思います（転職に有利な資格は**テクニック41**で詳しくご紹介します）。

しかし、これからどの資格を勉強しようか決めて、数年かけて資格を取って、それから転職活動をする計画なら、今から転職活動を始めたほうがよいでしょう。

資格があっても、未経験には変わりありません。「資格があれば未経験でもＯＫ」という求人は少なく、たいてい経験者か未経験者かで分類されます。

資格は有利になる材料ではありますが、資格がなくても転職できる可能性もあります。例えば、会計事務所で働くスタッフの全員が公認会計士や税理士資格を持っているわけではありません。資格がなくても可能な補助業務の担当として未経験・無資格でもＯＫな求人も多数あります。給料は有資格者より少ないですが、それに納得できるなら転職して、働きながら資格を勉強することも可能です。

私の場合は、土木公務員からウェブマーケターへの転職活動を有利にするために、ウェブ解析士という民間資格をめざして勉強しながら転職活動をしていました。**結局、資格を取る前に転職してしまいました**が面接では「ウェブ解析士を勉強中で、次の試験で取得予定です」と付箋をバシバシに貼った参考書を見せてアピールしていました。

ちなみに、ウェブ解析士はウェブマーケティングに関する知識を勉強できる資格です。アクセス解析、ウェブを使った事業戦略、レポート作成など、ウェブマーケティングに関する知識が盛り合わせ。民間資格ですし独占業務もないので、もちろんこれ１つで転職ができるものではありません。とはいえ、勉強する熱意や、土木公務員ながらウェブに関する基礎知識があることはアピールできました。

転職と年齢

避けたいのは、資格取得に時間がかかりすぎることです。実年齢が高くなるほど、実務経験や実績が求められます。**今の年齢で未経験から転職するとき、どのような資格取得状況、実務経験が求められるかは業界や職種によっても異なります。**これはその業界に強い転職エージェントに相談するとよいでしょう。転職エージェントに転職の可能性を正しく評価してもらうには、あなたの経歴や強みをまとめてエージェントに情報提供しないといけません。そういうわけで、まずは、履歴書や職務経歴書を作って転職活動を始めてください、というアドバイスになります。複数のエージェントに相談して、資格取得が有効そうであれば勉強しましょう。

まとめ

資格を取っても未経験なのはそのまま。資格がなくても転職できることもあるので、まずは転職活動を始めてみよう。

テクニック

16 転職で役立つ公務員の強み

公務員の強みって？

面接では「会社が求める結果を出せます」と伝えるのが本懐です。その裏付けとして経歴や実績、資格が必要です。いわゆる強みというものです。「公務員の能力は民間企業では活用されない」と言われることも多いですが、すべてがそうではありません。**民間企業からも評価される、公務員の強みはいくつもあります。**

1．書類作成能力・事務適性

決裁やら公文書やらで山ほど書類を作るのが公務員の仕事です。**正確かつスピーディーに書類を作成し、整理、保管する能力であり、公務員は事務適性が高いのです。**別の言い方をすると「定型の業務を効率的にミスなく進める能力」ともいえます。勤怠管理、電話応対、請求書の作成、議事録・報告書の作成、チェック作業など、一般事務職が行う業務内容にはだいたい対応できます。**テクニック4で触れた「10から100」の仕事に多い業務ですね。**

Microsoft社のWord、Excel、PowerPointなども一通り使える方が多いでしょう。ExcelでVLOOKUP関数やピボットテーブルが使えれば中級者〜上級者は名乗れます。マクロを触れる人はかなり希少です。

一般事務の仕事にはすんなり適応できます。簿記2級まで持っていれば経理事務も担当できるようになります。

2．コミュニケーション能力

公務員は「調整」が多い仕事です。他機関と打ち合わせたり、交渉したりですね。**このような業務が多い方は、業務を円滑に進めるためのコミュニケーション能力があります。**

仕事におけるコミュニケーション能力とは、面白いことをしゃべるスキルではありません。相手の伝えたいことを汲み取り、こちらの考えをずれなく伝えるスキルです。そのような業務を日々こなしているのであれば、胸を張ってください。「コミュ力」がありますよ。

3．補助金の申請に強い

補助金や助成金関係の仕事をしていた方は、補助金申請スキルがあります。企業向けの補助金は年に何種類も公表され、多くの企業が申し込んでいます。補助金は融資と違って（下手をしなければ）返さなくてよいお金です。企業にとっては魅力的なのですが、この申請書類は大変わかりにくい書類です。**呪文のような要綱を理解し、Excelの申請書を埋めて、役所が好むような根拠をつけて補助金を申請できるのは、重宝されるスキルです。**

4. コツコツ進める力・イレギュラーに対応する柔軟性

嫌なことでも、面倒なことでも、いきなり飛び込んできた仕事でも、公務員にはコツコツ進める力があります。よい意味で、歯車として優秀なのです。

民間企業では成果を出す人だけが求められるわけではありません。数字で成果が出る仕事もありますし、出ない仕事もあります。実力主義、成果主義が広がっていく世の中ですが、かといって成果が出ない仕事を放置するわけにもいきません。**そういう仕事をコツコツ進める人材も必要です。**正社員なら嫌なことでも文句言わずにやるのが普通…と私も思っていたのですが、意外とこれを断る人もいます。「パフォーマンスが出ないから」という理由もありますし、「面倒だし、新しいこと覚えたくないからやりたくありませ～ん」という方もいます。コツコツ進める力だけアピールして転職できるわけではありませんが、経営者側からすれば、歯車として優秀な人材を雇いたい気持ちはあるでしょう。

5．国や自治体のルールや環境を知っている

テクニック12「軸ずらし転職」をするときに役立つ強みです。国や自治体がどのように動いているかがわかるので、営業がしやすくなります。**会計検査に耐えられるか、住民からの見た目は、進め方の配慮は…などなど、中身の動きを知っている公務員だからこそ最適な提案が可能です。**

自治体ビジネスをするサラリーマン100人に取ったアンケート（※）では、自治体に対する提案・営業の課題として最も多かったのは「自治体が抱える課題がわからないが38％」でした。公務員として働いたことがあるあなたなら、課題を想像できるのではないでしょうか。

6．新しい仕事の吸収力

公務員は4年に1回ほど異動がありますね。まったく別部署にも行きますから、意味合いとしては転職に近いです。ですが、あなたは異動のたびに勉強して、新しい仕事を吸収してきました。これは大きな強みです。**未経験で転職する以上、新しい仕事をたくさん覚えてもらう必要があると企業側も認識しています。そのため吸収力もよいアピールポイントとなるのです。**

※株式会社地方創生テクノロジーラボ『「自治体への提案・営業や取引に際する課題や方針」に関する調査』

まとめ

公務員には確かな強み・スキルがある。公務員としては当たり前かもしれないけれど、胸を張れるスキルだ！

テクニック

17 ノンスキル公務員が書類選考をサクッと通る方法

転職で使う書類は主に2つ。履歴書と職務経歴書です。**これを上手に作ることが転職成功の第一歩です。**書類選考を通らなければ、面接もありません。

履歴書

氏名や生年月日、学歴・職歴、免許・資格などをまとめた書類。あまり工夫の余地はありません。嘘偽りなく、正確に書きましょう。厚生労働省作成のA4のフォーマットを使うのがよいでしょう（※）。用紙サイズに指定があればそれに従います。

職務経歴書

これまでの仕事の経験から何ができるかを伝える書類で、かなり自由に書けます。工夫の余

※ JIS 規格の履歴書の様式例もありましたが、2020 年に削除されました。

地も大きく、腕の見せどころです。**職務経歴書であなたの価値をうまく伝えられれば、転職できる確率もずっと高くなるでしょう。**ここでは、職務経歴書の書き方について解説していきます。

フォーマットはさまざまありますが、本質は同じです。自分の職歴ごとに、実績やそこから得た学び、スキルを記載します。「自分はこれができます」と言うだけでは信用されませんから、職務経歴書に記載した経歴や実績で裏付けをするのです。スキルの説明と裏付けは、２つで１セットです。ステップバイステップで、一緒に職務経歴書を作っていきましょう。

＜魅力的な職務経歴書を作る３ステップ＞

1. 自分年表を作る
2. 仕事を抽象化する
3. 転職先に合わせて具体化する

1．自分年表を作る

あなたがどのような実績やスキルをお持ちかは、過去の仕事の中に隠されています。**これまで何をしてきたかをうまく整理した者が転職を制します。**どのような仕事をしてきたか、これまでの年表を作りましょう。**自分年表です。**

思い出せる限り細かく、これまでどんな仕事をしてきたか時系列で書き出してください。1か月単位で整理していくと思い出しやすいと思います。**過去のメールをさかのぼったり、自分があげた起案文書を見てもヒントになるかもしれません。何でもいいので、すべて書き出しましょう。**何がヒントになるかわかりません。

予算をいくら使う仕事か、どのようなことをしたのか、問題になったこと、完成するまでに工夫したことなども書き出します。ついでに当時の残業時間もメモしておきましょう。

例えば私ならこうなります（数字は変更しています）。

・2016年6月：約1千万円の道路工事を監督（月残業時間〇時間）
・2016年7月：約2千万円の道路工事を監督（月残業時間〇時間）
・2016年9月：約3千万円の道路工事を監督（月残業時間〇時間）
・2017年4月：北海道庁との併任開始
・〇〇課で北海道が主管する道路工事の技術的監督・管理を担当（月残業時間〇時間）

数値目標がある仕事なら、それも合わせて記載しておきましょう。「年間〇件の仕事を完了するためには、次のような課題があり、これをクリアするために〜〜しました」という書き方です。数値目標がなかった方は、業務をうまく進めるためにした工夫などを書くとよいでしょう。

ここから先はすべて自分年表に書き出したネタをベースに進めます。ですので、たくさん書いてください。1時間やそこらで終わらせず、1週間かけて作ってもよいくらいです。

2. 仕事を抽象化してスキルにする

自分年表を作ったら、それを抽象化していきます。**公務員での経験をそのまま伝えても民間企業では活かせないと判断されかねません。**そこで一度抽象化し、民間企業でも使えるスキルに言い換えていきます。

例えば私ならこうです。

・２０１６年６月：約1千万円の道路工事を監督（月残業時間◯時間）
・２０１６年７月：約2千万円の道路工事を監督（月残業時間◯時間）
・２０１６年９月：約3千万円の道路工事を監督（月残業時間◯時間）

←抽象化してスキルにする

・大きな予算を使った仕事ができる責任感

・現場から金銭の動きをイメージする能力
・プロジェクトをスケジュール通り進める能力
・進捗に影響するボトルネックを見つける能力
・取引先や関係機関、住民との交渉や折衝（コミュニケーション能力）
・法律の読解力
・住民対応・クレーム処理（精神力）

抽象化すると、汎用性のあるスキルが見えてきました。自分年表に書き出した仕事のすべてを抽象化してみましょう。**キレイに書かなくてよいので、思いつくままにアイデアをアウトプットするのがコツです。**

「こんなスキル、珍しくないよな…」と思ってもすべて書いてください。**他人より優れている能力を書くわけではありません。持っている能力をすべて言語化するのが目的です。**極端にいうなら「幼稚園児よりも優れているな」と思う能力はすべて書いてよいくらいです。

3. 転職先に合わせて具体化する

抽象化したスキルを、転職先に求められる形で具体的にしていきましょう。**単に「コミュニ**

ケーション能力」でも、転職先の業界・職種に応じて求められる形が少し異なります。

私の場合はウェブマーケターへの転職でしたので、今ならこんな風に言い換えます。

・コミュニケーション能力
←具体化

・**(パターン1)** 道路工事はいくつもの工程があり、随所に外部業者や他部署が関係する工事です。各部署の方針転換や天候などで多くの問題が発生しますが、クリティカルな工程を押さえ、工事をスケジュール内に納めてきました。以上の経験を活かして新商品の開発から、プロモーション戦略などのプロジェクトでも、スケジュール通りに進められます。

・**(パターン2)** 道路工事には多くのクレームが寄せられます（工事がうるさい、重機が邪魔、税金を使うな、など）。行政サービスにはお客様との決別は基本的にありません。組織の一員として言えること／言えないことを押さえながら丁寧に説明し、納得いただけるまで粘り強く対応してきました。通販サイトの運営で起こりうるお客様からのクレームにもへこたれずに対応する自信があります。

・**(パターン3)** 5万人を超える組織の上層に配置され仕事をしていました。当時23歳でしたが、同僚は30〜40代、私が仕事をお願いする出張所も50代の課長職の方などです。下手に出過ぎることもなく、かといって高圧的にもならないよう、お互いに助け合える関係になるようコミュニケーションを続けていました。御社に入社後も、商品開発部門や発送部門との連携を密に取り、すれ違いのないように仕事を進められると考えています。

単に「コミュニケーション能力があります」と言うよりも説得力のある表現になりました。自分年表を作る、仕事を抽象化してスキルにする、転職先に合わせて具体化する流れで、魅力的な職務経歴書ができます。**最重要なのは自分年表を細かく作り込むこと。**私の例では少なすぎるくらいです。できるだけ多く書き出し、使える武器が転がっていないか探しましょう。

伝える強みを選ぶ

発見した強みをすべて伝えると、逆効果になることがあります。「私はコミュニケーション能力があって、プロジェクト管理ができて、プログラミングを独学できて、あれもできて、これもできて、それもできて…」。ちょっと嘘くさいですね。また、強みをたくさん話すと、一つひとつが薄く感じます。**職務経歴書に書く強みは多くて3つほどに絞りましょう。**3つでギリギリです。職務経歴書を何枚も読む相手からすれば、3つでも多いくらいです。

どの強みをピックアップするかは、転職先に合わせて選びます。例えば英語が必要ない工場のライン工の求人に、英語を話せる強みを伝えても仕方ないですね。転職先の仕事を調べ、どのような能力が歓迎されるか逆算してピックアップしてみましょう。

ＡＩを活用しよう

ChatGPTを使えば、あなたの強みをＡＩが言語化してくれます。**客観的に強みを言語化してくれるので、自分では気づかない発見があるかもしれません。**

まずは自分年表を書き出すところまでご自身で進めてみてください。自分年表ができたら、その年表に加えて、以下のテキストをくっつけてChatGPTに入力しましょう。

> 私は転職活動をしている公務員です。
> 次の経歴から、私の能力・スキルを10個ほど書き出してください。
> **（経歴を箇条書き）**
> なお、下のポイントに従うこと
> ・ですます調
> ・同じ語尾を3回連続しない

・漢字とひらがなの割合を2：8にする
・職務経歴書に書くための文章として構成すること
以下の通り出力すること

スキル1 〇〇能力
そのスキルがあると考えられる理由
補足テキスト200文字程度
このスキルが（あなたの転職したい業界）でどう活かされるか
補足テキスト200文字程度

すると私の場合はこのように出力されます。この文章はＡＩが出力したそのままです。

スキル1 監督能力

そのスキルがあると考えられる理由
私は公務員として、道路工事の監督を数多く担当してきました。大規模な工事でも、プロジェクトの進行状況を適切に管理し、品質や安全性を確保することができます。また、現場スタッフや業者と円滑にコミュニケーションを取ることができるため、協調性にも優れています。
このスキルがIT業界でどう活かされるか
監督能力は、ITプロジェクトにおいても重要なスキルです。大規模なシステム開発や導入プロジェクトでは、タスクの進捗管理や品質管理が求められます。また、関係者とのコミュニケーションや問題解決力も重要なスキルとなります。私の監督能力を活かし、ITプロジェクトの円滑な進行と品質確保に貢献できます。

文章にＡＩらしさはあるので、そのままでは使えません。しかし、着眼点としては十分有用ですね。アイデアを拝借しつつ、自分の言葉に置き換えていきましょう。なお、途中で文章が途切れたときは「続けて」と入力するとよいでしょう。**１つ注意点として、ＡＩが出力した文章は事実と異なる場合があります。できないことをできると言ったり、ない実績をあるように**

伝えるのは経歴詐称になります。表現の世界なのか、ウソの範疇になるかはしっかりチェックしましょう。ＡＩを使用していなくても要注意です。

ＡＩが出力した回答について、追加で質問もできます。例えば私の文章なら「私は公務員として、道路工事の監督を数多く担当してきました。大規模な工事でも、プロジェクトの進行状況を適切に管理し、品質や安全性を確保することができます。また、現場スタッフや業者と円滑にコミュニケーションを取ることができるため、協調性にも優れています」というＡＩの回答について、「さらに説得力を増したいです。どのような数字があると説得力が増すでしょうか？」と重ねて質問してみましょう。

すると、このような回答が来ました。

説得力を増すためには、具体的な数字や実績を示すことが有効です。以下に例を挙げます。

・監督した道路工事の規模や数量
・品質管理において発生した不具合やクレームの件数や割合

・現場スタッフや業者とのコミュニケーションにかかった時間や頻度
・監督業務における残業時間の平均や最大値
これらの数字を提示することで、自身の経験やスキルに対する客観的な評価が可能となり、説得力が増します。また、具体的な数字を示すことで、自身の能力や業績をより具体的に理解してもらいやすくなるでしょう。

アドバイスをもとに、文章を修正していきましょう。

AIは常に正しい答えを出すわけではありませんが、あなたのアイデアを引き出す、ブレインストーミングの相手としては最適です。上手に活用して、転職活動を効率的に進めましょう。

書類はデータで作ろう

履歴書や職務経歴書はデータで作ってください。手書きは非効率ですし、今はデータ提出が基本です。

データで作るならMicrosoftのExcelやWord、Googleが提供するGoogleドキュメント（文書作成ができる）やGoogleスプレッドシート（表計算ができる）などが候補です。私はGoogleドキュメントで作っていました。ブラウザで動作し、保存もリアルタイム。無料で使えるのも嬉しいですね。「Googleドキュメント 職務経歴書 テンプレート」などと検索すると、そのまま使えるフォーマットが見つかります。

おすすめのツールは、厚生労働省が提供している「マイジョブ・カード」（※）というサイトです。

ブラウザ上で履歴書や職務経歴書が作成でき、きれいなフォーマットで出力できます。メールアドレスを登録して自分のアカウントを作ると、オンライン上にデータを保存してくれます。ファイルをなくして焦ることもありません。マイジョブ・カードだけでは強みの言語化は難しいので、自分年表→抽象化→具体化やChatGPTと組み合わせて活用してみましょう。

どちらを使ってもよいですが、こだわりがなければマイジョブ・カードがおすすめです。Googleドキュメントなどは自由にテンプレートを工夫できるのですが、これはたいてい余計な時間がかかるのです。改行の位置が気に食わない。表の罫線が消えていた。なんて修正作業も発生します。マイジョブ・カードは履歴書や職務経歴書をPDFまたはExcel形式でキレイに出力できます。様式を変えたい方は、Excelで出力して、それに手を加えると早いですよ。

※マイジョブ・カード　URL：https://www.job-card.mhlw.go.jp

スクラップ&ビルドの瓦礫を残す

自分の強みを言語化するまで、書いては消してを繰り返すことになります。**職務経歴書を作る途中で不要になった文章は、消さずに別のデータに残しておきましょう。**あとで使えるかもしれません。

職務経歴書は、書類選考の通過具合や面接官の反応を見ながら修正していきます。あまりに通過率が悪いなら、どこかに原因があるはずです。応募する求人のレベルが高すぎるか、書類であなたの価値を伝え切れていないか、理由はいくつかあるでしょう。書類に原因があるとして、また最初から考えて書き直すのは手間がかかります。以前作った文章をリサイクルできるかもしれませんね。過去の文章から新たなひらめきが生まれることもあります。直感でゴリゴリと書いた文章が最適解だったりするのです。

まとめ

自分の強みは、自分の過去に隠れている。自分年表↓抽象化↓具体化の順番で魅力的な職務経歴書を作ろう。

テクニック

18 企業研究を1社10分で終わらせる方法

ITで企業研究を楽に

意外と面倒なのが企業研究です。何をやっているのか、売上はどうなのか、社長は誰なのか、社風はどうなのか、口コミはどうなのか…と、調べるポイントは多々あります。しかし何社も応募するのですから、それほど時間はかけられません。でも、転職先を選ぶにはやらないわけにもいきません。

もう1つ困り事がありまして、何社も応募していると、どの企業の情報かわからなくなってきます。選考は複数社同時に進めますし、エージェントからもメールが来ますし、スカウトの通知も来ますしで、しっちゃかめっちゃかになります。

問題は2つ。企業研究に時間がかかることと、その整理です。これをITツールで解決しましょう。 企業研究では、主にホームページをチェックします。設立時期、資本金などから見ていき、気になった部分はスクリーンショットをとってメモ帳に貼り付け、気になった理由や感想を書いておきましょう。この感想が他の企業とゴチャゴチャになりがちな部分です。そのページのURLもあると後でチェックしやすいですよ。スマホのメモ帳などで進捗ステータスごとに「書類選考中」や「1次面接通過」などとフォルダを作りメモを管理するとよいと思います。

使うアプリは何でもよいのですが、できればスマホでアクセスできるものだとよいでしょう。寝る前や昼休みにチラッと求人サイトを見たときに、すぐメモできる環境が望ましいです。求人ごとに「今どのステータスだっけ？」と迷わないようにするには…、こまめに整理するしかないと思います。「毎日この表をキレイに更新する」という習慣を続けるのはハードルが高いので、「帰宅したらメモ帳を開く」というルーティンを作りましょう。自宅の机に付箋で貼っておくとよいかもしれません。ページを開いたら自然と作業する気になります。

企業のどこをチェックする？

企業研究を念入りにするなら、業界マップをもとに会社の立ち位置を見たり、3C分析（※1）をしたり、SWOT分析（※2）をしたり…というテクニックもあります。本当に入社したい会社ならやってもよいかと思います。しかし、書類選考に応募するすべての企業に同じ分

※1　Customer（市場・顧客）、Competitor（競合）、Company（自社）から市場を分析するマーケティングの手法。

析をするのは大変な労力がかかります。**私は、書類選考の段階では社長の名前や売上、社訓などは暗記せず目を通す程度にして、次の4つを簡単にメモを取りながら調査していました。**

1. 業界と事業内容・将来性（投資家向け情報）
2. 給料や福利厚生などの雇用条件
3. 社訓や年齢層などの雰囲気
4. やりたい仕事かどうか

雰囲気については、会社のホームページだけでなく、会社口コミサイトやSNSからも情報収集が可能です。転職サイトによっては社員インタビューが掲載されていることもあります。

重要なのは、その会社の仕事をやりたいかどうかです。それが志望動機になりますし、キャリアパスの材料にもなります。なぜやりたいと思ったのか、他の会社と違うと感じたところはどこか、自分の経験や能力を活かして入社直後〜数年後に貢献できそうな仕事をなんとなくメモしておくと面接に役立ちます。書類選考の際に一言添えられるなら、先ほど作ったメモを加工して、なぜ申し込んだのか書き加えてもいいですね。

※2　事業の状況等を、強み（Strengths）、弱み（Weaknesses）を内部環境とし、機会（Opportunities）、脅威（Threats）を外部環境とした4つの項目で整理して、分析する手法。

面接の前にもう一度確認を

書類選考を通過したら、面接前にもう一度会社のホームページをよく見ておきましょう。書類選考のときは時間がないため省エネ化しましたが、**公務員を辞めて入社するのですから、企業研究そのものはしっかり行いたいです**。面接前や内定を承諾する前には入念にチェックすることをおすすめします。

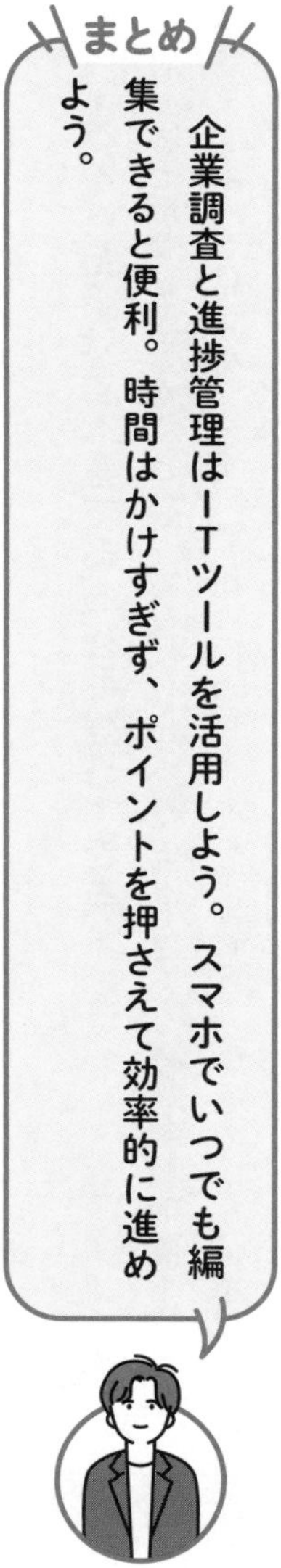
まとめ
企業調査と進捗管理はＩＴツールを活用しよう。スマホでいつでも編集できると便利。時間はかけすぎず、ポイントを押さえて効率的に進めよう。

テクニック

19 ホワイト企業を見分ける求人票の見方

ブラック企業は求人票である程度除外できる

履歴書と職務経歴書ができたら、今度は求人に応募しましょう。転職サイトを見れば白黒さまざまな求人が見つかります。できればホワイト企業に行きたいものです。**ホワイト企業かどうかは、絶対ではないですが求人票を見ればある程度は判別できます。**

＜求人でわかるホワイト企業の特徴＞

・残業時間が少ない
・有休の日数や消化率
・基本給をぼかしていない
・評価制度の充実
・土日祝休み 完全週休2日制
・平均勤続年数が長い、平均年齢が高い
・住宅手当などの福利厚生
・求人が少ない

残業時間が少ない

ホワイト企業といえば定時退社。できるだけ残業はしたくないものです。もし求人票やリクルートページに平均残業時間が書いてあれば、ホワイトっぷりに自信がある企業といえるでしょう。**注意したいのは「みなし残業」や「固定残業」の記載がある求人です。**

例えば「固定残業を40時間分含む」などですね。これは残業が40時間以内でも40時間分払うよ！　もちろんオーバーしたらその分払うよ、という制度です。もうおわかりと思いますが、だいたい月に40時間は残業するので、最初からこのように書いています。残業時間が少ない企業に行きたいなら、このような求人は避けましょう。

基本給をぼかしていない

以下は、実際に転職サイトにあった「固定残業を40時間分含む」求人から一部を抜粋したものです。気になるポイントがあるでしょうか。あやしいポイントが２つあります。

■勤務時間
9：00〜18：00（実働8時間）

■給与
月給25万円以上＋賞与＋手当
※上記金額には月40時間分の固定残業（60000円～）を含み、超過分は別途支給いたします。
初年度の年収
350万円～700万円

これには基本給が記載されていません。固定残業代が含まれた金額が「月給25万円以上」であり、残業代を抜いた基本給がいくらかわかりません。残業代も「60000円～」とぼかされています。仮に固定残業代40時間で6万円だとして、月給の25万円から引くと、基本給は19万円です。このように、**固定残業代を含めることで基本給をぼかす求人は数多くあります。**必ず、基本給を計算しましょう。

もう1つあやしいのが、年収に幅がある点です。「350万円～700万円」と記載されています。高い条件を見せて注目を集めるのが目的だと思います。よほど即戦力なら700万円もありうるかもしれませんが、まずないと思ってよいでしょう。

土日祝休み 完全週休2日制

「週休２日」は、皆さんがイメージする「土日休み」ではありません。週休２日とは、１か月の中に１回でも週に２回休む週があればよいのです。あとはすべて週休１日でもなんら問題ありません。**公務員と同じような休み方をしたいなら「土日祝休み 完全週休2日」を選ばなければなりません。**「完全週休２日」では祝日が休みでないこともありますし、休日が土日ではないこともあります。

住宅手当などの福利厚生

「福利厚生が充実！」には、要注意です。福利厚生には法律上必要な「法定福利厚生」と、法律では必要ないとされている「法定外福利厚生」があります。

「福利厚生が充実！」とあっても、よくよく見れば法定福利厚生しかない…なんてことも。

福利厚生を見るときは、法定「外」福利厚生に当たる交通費や住宅手当、自己啓発サポート、職場環境などが充実しているか確認しましょう。法定外福利厚生が充実している企業は、従業員を大切に思っている企業ともいえます。

有休の日数や消化率

「公務員を辞めるメリット、続けるメリット」（P15）でもお話ししたとおり、民間企業だと有休の日数がそれぞれ異なります。スタートは法律上最低限の日数（10日）を付与する企業がほとんどですが、独自に有休を多くしている企業もあります。

有休そのものの日数だけでなく、消化率にも注目しましょう。せっかく有休が多くとも、取れなければ意味がありません。転職サイトによっては「有休消化率」で検索することも可能です。

評価制度の充実

成果に応じて昇進したい方は、平等な評価制度が導入されている企業を選びましょう。社員の定着、モチベーションのために公平な評価制度を導入している企業のほうが信頼できますね。また、評価制度があれば正しくフラットな評価がされているとは、確実には言い切れません。先輩社員がどのようなキャリアパスを描き、それが実現できているかを確認しておくと安心です。企業インタビュー記事を見たり、面接で「先輩社員の方は、どのようなキャリアパスを描かれていますか？」と聞いてみましょう。

平均勤続年数が長い、平均年齢が高い

その会社がホワイトなら、退職者は少なく、平均勤続年数が長いはずです。長く働くため、平均年齢も高くなるでしょう。

なお、他の指標もそうですが、あくまで数値なので注意が必要です。例えば新卒社員をたくさん雇ったなら、大企業でも平均勤続年数は短くなります。平均勤続年数が長くても、会社の体質が古く、ホワイトといえない職場もあるでしょう。あくまで指標の1つとしてお考えください。

求人が少ない

求人が少ない企業は、人が辞めていない企業です。新人が辞めずに定着しているため、頻繁に求人をしない優良企業の可能性があります。

反対に、いつ見ても新規求人がある会社は警戒しましょう。年中、人が足りていないということです。人が足りないのは、ハイペースで事業を拡大しているか、頻繁に人が辞めているかのどちらかです。たいてい後者でしょう。

誤解のないよう申し上げると、**ここにあげたすべてを満たすからといって、100%ホワイト企業かといえば、そうともいえません。運の要素は0にはなりません。**ある程度はブラック企業を弾けますが、しっかり吟味のうえ転職しましょう。

あなたにとって「ホワイト企業」とは？

残業時間が少なければホワイト企業なのでしょうか。スキルアップのためバリバリ働きたいなら、むしろ残業が多いほうが身になるかもしれません。独学と違って、残業代ももらえます。土日ではなく平日休みで、生活に支障はないかもしれません。

研修制度がなくても、ＯＪＴ（※）で十分吸収できるかもしれません。人事評価制度がなくても、上司に気に入られれば早く昇進できるかもしれません。この先の人生のことを考えたとき、あなたの人生にもっとも資する企業がホワイト企業です。

まとめ

求人情報からホワイト企業かはある程度見分けられる。面接時の企業研究にも役立つので、ぜひチェックしよう！

※ OJT：On-the-Job Training の略。
職場で実際に業務をしながらトレーニングすること。

テクニック

20 謙虚と自慢の間に立つ

面接でのアピール法

書類選考が通ったら、次は面接です！　面接ではあなたの強みを存分に伝えましょう。しかし、公務員として働いていると、自分の強みを誰かに伝える機会はあまりなく、どんどん謙虚になっていきます。

しかし、面接で謙虚さは求められません。「○○なら、ある程度はできます。たぶん」なんて回答はもってのほかです。「○○なら、これくらいのレベルで、これくらいの精度で、こんな工夫を凝らして完成に持っていけます」と、堂々と伝えなければなりません。**せっかく作った魅力的な職務経歴書と強みは、あなたのトークがあって初めて面接官に伝わります。**自信を持って強みを伝える方法を身につけましょう。

まずは認識を変えます。自分の能力を話すことを、自慢ととらえてしまうことはないでしょうか。自慢はよくないと、面接で口下手になる方も少なくありません。**自慢とは「こんなにできるんだぜ、すごいだろ！」と、横柄な態度をとって伝えることをいいます。「何を、どこまで、どれくらいできるか」を伝えるのは、自慢ではありません。謙虚に事実を伝えているだけです。**「今日の天気は雨で、13時から15時まで降って、降水量は10㎜でした」と淡々と伝えるのと同じです。

「自分のできることって、周りと比べるとレベルが低くて…」と謙遜する必要はありません。レベルが高いか低いかを判断するのは面接官です。上司が部下に仕事をお願いするには、部下が何をどれくらいできるか知らなければなりません。だから面接官はあなたの能力を知りたいのです。「ある程度できます」という曖昧で謙虚すぎる回答では、評価につながりません。

ですから、**自分ではレベルが低いと思っていても、胸を張って何を、どこまで、どれくらいできるかを伝えましょう。これは自慢ではなく、事実を伝えているだけです。**

「何ができるか」は、面接官も深掘りしたいテーマです。想定質問として用意した回答だけでは足りず、アドリブが必要になることもあるでしょう。練習しておくと安心ですね。同僚や先輩に「○○ができる・やっている」と話す機会があれば、ぜひ胸を張って、ベラベラと話してみてください。自慢としてではなく、謙虚に事実を伝えるのです。やってみると、意外と嫌な顔はされませんよ。

まとめ

事実をそのまま伝えるのは自慢ではない。能力が高いかどうかは面接官が決めること。

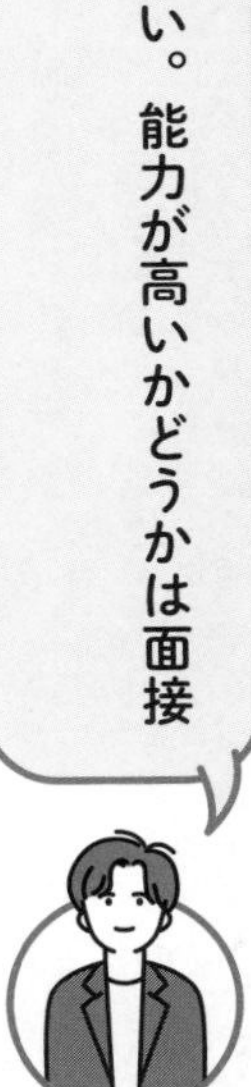

テクニック

21 「公務員は使えない」を逆に利用する

成長性をアピールしよう

未経験転職では、採用後の成長性も重視されます。戦力として成長してもらわないと、困りますからね。ですので、面接では成長性をアピールしましょう。

ところが日本の公務員は「無能」だとか「のんびり働いている」などと言われ続けてきました。

利益を追わないのは確かにそのとおりです。一部ののんびり働いている人もいるのは事実です。もちろん面接官によっては「公務員も忙しい時代だよね」と、ある程度の理解を示す人もいます。とはいえ、公務員はのんびり働いていると思う人が多数派だと思います。

しかし、これらの悪い印象をうまく利用すると、面接を有利に進められます。少し昔の話ですが、以前「ど根性大根」が話題になりました。アスファルトを突き破って、過酷な環境でも成長する大根の力強さに「成長力がすごい」と注目が集まったのです。でもよく考えてください。**本来、私たちが大根に求めるのは味です。成長性ではなく、おいしい大根に感動するのです。**ビジネスに例えれば、従業員であるダイコン君に求める仕事の成果は味であり、成長性ではありません。**しかしなぜか、人々は成長性に感動しました。**なぜでしょうか。ど根性大根がアスファルトという普通は植物が成長しない過酷な環境で成長したためです。

公務員からの転職も同じです。もし面接官が「公務員は安定だけを求めのんびり仕事をする場所で、スキルもあるまい」と先入観を持っているなら、あなたはアスファルトを押しのけて成長したと伝えればよいのです。**安定だけを求めのんびり仕事をする（と面接官が思っている）場所で、ハードに努力してきたと伝えることで、面接官の評価はがらりと変わります。**

のんびり働いているはずの公務員がハードな仕事をしているだけで、面接官は驚きます。他にも、仕事終わりに自主的に資格の勉強をしたり、自分なりに転職先向けの実績を作ろうとしていたりすると、まるでアスファルトを突き破って成長するど根性大根のようです。「ただの公務員なのに、努力している」と思わせれば勝ちパターンです。あなたにとっては普通の仕事だったかもしれませんが、面接官にはよい印象を与えるのです。

まとめ

目指すはど根性大根。成長を見込めなそうな環境でも自主的に成長したと伝えて、成長性をアピールしよう。

テクニック

22 公務員からの転職で用意しておきたい想定質問

面接の勝利条件は、面接官に「一緒に働きたい」と思わせることです。面接といえば、コミュニケーション能力と思うかもしれません。しかし、**生来のコミュニケーション能力で戦う必要はなく、回答を準備してよいプレゼンテーションです**。

よくある想定質問を列挙しますので、回答を準備しておきましょう。

自己紹介の質問

・自己紹介をお願いします。
・あなたの職務経歴を教えてください。
・長所、短所を教えてください。
・自己ＰＲをしてください。

職務経歴書に書いてあることですが、応募者の性格などを見るために、あえて口頭で聞く質問です。こちらとしても答えやすいので緊張も和らぎますね。**自己紹介は30秒ほどがよいでしょう。**

「イノウエガクと申します。土木の大学を卒業後、市役所で〜の仕事に携わってきました。現職では多くの経験ができましたが、今後は〜のお仕事をしたいと思いまして、〜な御社に応募しました。〜が長所です。本日はよろしくお願いします」というのがよくある自己紹介です。印象に残すために、珍しい・面白い趣味があれば紹介してもよいでしょう。「古典を読み漁るのが好きで、最近はドストエフスキーにハマっています」。ん？　こいつ気になるかも。

長所や自己PRについては、**テクニック17**で解説した自分年表→抽象化→具体化の流れで作成できます。短所は失敗談を笑いながら話すのがよいと思います。「私、こんな短所があるんですが、昔それでこんなことをしてしまって！　上司にこってり怒られて、あんまりネガティブにならない私もけっこう落ち込んでいました。それ以来、同じパターンになりそうだとぶわっと鳥肌が立つようになって、センサーみたいになっています」なんて感じです。ただ答えるより印象に残りますし、場も和みます。

これまでの仕事内容に関する質問

・公務員としてどのような業務をしていましたか。仕事の実績を教えてください。

・給与はどれくらいもらっていましたか。
・仕事の成功談・失敗談があれば教えてください。
・仕事をするうえで、大切だと思うことは何ですか。
・前職での知識や経験を活かせるビジョンはありますか。

職務経歴書の内容をなぞりつつ、さらに簡潔に答えるような質問です。私の転職活動では、「公務員としてどのような業務をしていましたか」は、ほぼ毎回聞かれました。**公務員の仕組みや働き方は謎に包まれている部分も多いです。公務員でない方にも伝わるように、どんな目的で、どのような作業をしていたか、**目標を達成するために工夫したことや、仕事をするときの考え方を説明するとよいでしょう。次のような回答です。

> 私は前職で、○○市役所の地域振興課で3年間勤務しておりました。主な業務は地域の観光促進や地元産業の支援、地域イベントの企画・運営などです。市民や関係機関と連携しながら、地域のニーズに合った施策を立案・実行していました。
> 課題となることが多いのは、多様な利害関係者の意見や要望をバランスよく取り入

れ、限られた予算や人材を効果的に活用しながらプロジェクトを進めることです。低予算のスモールスタートながら話題を呼び、長く続けられるものが望まれます。そこで、私が住んでいた○○市の年齢層や文化を考慮したうえで～なねらいで実施し、～を成功させました。現在もこの企画は、毎年実施されています。

他にも○○や□□などの業務を担当し、地域振興に関する経験を積んできました。この経験を活かしてイベントを実行する側に立ち、～などの業務にチャレンジしたいと考えています。

（地域振興課→イベント企画会社への転職での回答例）


なお、仕事上の成功談・失敗談を話すときは、公務員の守秘義務（職務上知りえた秘密を漏らしてはならない）や個人情報を守ることも留意しましょう。「業者さんとの打合せをしましたが、情報の認識がズレていてミスをしたことがあります」くらいだと問題ないですが、「私はケースワーカーとして生活保護の受給などを担当していて、当時申込みがあった○○さんと□□さんの申請について実際には…」のような個人情報はまずいです。職務経歴書に書く内容も同様です。

転職理由に関する質問

・公務員を辞めた理由は何ですか。もったいないとは思わないのですか。
・安定を捨てるのは怖くありませんでしたか。
・どうしてこの業界を選んだのでしょうか。

絶対に聞かれます。前向きな理由を答えましょう。「とにかく公務員が嫌で、条件のよさそうな業界を選びました」だと、よほど能力がない限り面接官としては採用はしたくありません。「公務員も楽しかったけれど、とあるきっかけがあり、この業界でやりたいことができた」のような理由がよいですね。意欲の見せどころなので、業界に関係する個人的な取組があれば紹介しましょう。専門誌を読んでいる、自分で何か作ってみた、他社のビジネスモデルを整理して分析してみているなどですね。私は、副次的な理由として「公務員ではワークライフバランスが取れず…」と話していました。最近はブラック公務員がネットニュースになることも増え、理解してくださる方も多いです。

安定を捨てる理由や、もったいないとは思わないのかという質問については、ある程度パターンがあると思います。「仕事が安定していても、自分のめざす目標とは違う」「民間市場で価値があるスキルがないまま年を取っていくほうがリスキーだと感じた」「もったいないとは思うが、やりたい仕事をできないまま人生を送るのももったいないと思う」などでしょうか。

会社についての質問

・うちのホームページを見て、改善できそうな部分はありましたか。
・当社のサービスは使ったことがありますか。
・当社のサービスの改善点を教えてください。
・私たちの業界の課題は何だと思いますか。
・当社の魅力は何ですか。
・入社後にどのような仕事をしたいですか。

意外と聞かれる質問です。私は志望がウェブ関係の仕事だったこともあり、ホームページの改善点などはよく質問されました。これは**テクニック18**で紹介した企業研究のメモをチェックしておくとよいでしょう。

「当社のサービスを使ったことがありますか」は困りものです。正直言って、応募する企業のサービス全部を使えるわけがありません。でも面接官としては熱意がある人を高く評価するので、やっぱり使っているほうが有利だとは思います。実店舗に立ち寄れたり、安いサービスなら面接前に使っておくとよいでしょう。**ほめるだけでなく、こんなこともできたらいいのに、と思った改善ポイントも伝えたいところです。**それがお仕事になりますからね。高額サービスだったり、BtoB（企業間取引）商品で利用が難しければ、レビューを見ておくとよいと思います。

採用条件に関する質問

・給与の希望を教えてください。
・残業が月○時間ほどありますが、よいですか。
・いつ頃の入社になりそうですか。
・転勤は問題ないですか。
・休日出勤の可能性もなくはないですが、大丈夫ですか。

転職面接らしいのが、給与の希望を聞く質問です。回答は難しくありませんが、準備していないと戸惑います。「御社のルールに沿っていただければと思います」や「私の経歴やスキルを評価して決めてください」といった回答が無難です。もちろん希望を伝えることも間違いではありません。「現在の年収が500万円なので、同様の500万円を希望します」「来月で年収が550万円になるため、550万円でお願いしたいです」といった形です。単に希望を伝えるよりも、1つ理由を添えると説得力が増します。この回答を作るときは、現在の年収をチェックするのをお忘れなく。

残業時間・休日出勤・転勤などの質問は、受け入れられるか答えるだけです。**ホワイトで高収入が何よりですが、「1回の転職であらゆる希望を実現させなくても、何回か転職しながら理想に近づける」という考え方もあります。**残業時間は受け入れて、まずこの転職ではスキルを身につけよう、なんて考えですね。もしこのような考え方のもと、採用条件を広めに飲み込むなら、**テクニック6**で作ったキャリアパスとズレがないかを確認しておくと安心です。

用意しておかないと答えに困る質問

・他に何社受けていますか。
・他社の選考状況はいかがですか。
・ご家族は公務員を辞めることをどう思われていますか。
・希望の職種と異なる場合はどうしますか。

他社の面接状況は正直に答えつつ、御社が第1志望だと伝えましょう。第2志望と言われて気持ちのよい面接官はいません。「御社がもっとも自分の理想を実現でき、また貢献できると考えています」などですね。

家族のことについては、親の反対程度なら大きな問題ではありません。ご自身の人生ですからね。「反対はされていますが、私の人生ですので主体的にキャリア形成をしていきたく考えています。この選択が間違いにならないように、御社でしっかりと実績を作っていきたいです」などがよいでしょう。**配偶者やお子様がいる方は、自分ひとりの人生ではないので、説得して理解を得られるようにしてください。**ファイナンシャルプランナーと相談して、転職してもライフプランに問題はないなどの根拠があるとよいでしょう。

「希望職種と違う場合は?」という質問は「どんな仕事でも経験につながりますので、頑張りたいです」とか「御社の事業内容・ミッションに強く共感し、貢献したいと志望したため、どこでも精一杯頑張ります」と答えておきましょう。内定が出たときに違う職種で納得できないようであれば、断ればよいだけです。内定通知書をもらった段階で、労働条件をよく確認しておきましょう。

たまに聞かれる変な質問

・最近気になっていることは何ですか。

・夢は何ですか。
・うちには向いてないんじゃない？

面接で困るのはこういう質問です。本来のコミュニケーション能力が見えてしまいます。それが目的の質問です。ある程度の対策はできますが、このような質問は私も聞かれたことがあるので、どう答えるか用意しておきましょう。それでも完璧な対策はできません。

大原則は、相手の言うことを否定しないことです。「ありがとうございます。どのような点でそう思われたのですか？」と聞き返してもよいでしょう。「マイナス部分をしっかり見ていただいてありがとうございます」なんて返してもよいですね。「そんなことを言う会社には行きたくないです」と返して面接終了したいところですが、面接中は大人の対応をしましょう。納得できなければ後で辞退すればＯＫです。

まとめ

よくある質問は暗記しておこう。想定外の質問が来たときには「否定しない」こと！

テクニック

23 急増するウェブ面接対策

仕事の打ち合わせでウェブ面接を使っている方も多いと思います。**採用面接でも１次面接はオンライン、最終面接をオフラインでやる形が広まっています。**公務員試験でもウェブ面接が広まっているそうです。

オフラインの面接だと、ノックして椅子の前に立って挨拶をして…と、公務員試験でやったことと同じマナーです。しかしウェブ面接では、また別のマナーがあります。ウェブ面接の対策を解説しておきます。

よく使われるツール

・Zoom
・Google Meet

・Microsoft Teams

各ツールで動画環境や設定が異なります。それぞれ準備しておきましょう。マイクやカメラ、背景ぼかしの設定などを事前に済ませておくと慌てません。

Zoomには専用ソフトがあります。ブラウザでも参加できますが、より確実を期すため事前にソフトをインストールしておきましょう。**Google Meet**にはソフトがありません。ブラウザからのみの参加となります。推奨ブラウザはGoogle Chromeです。Safariでは背景ぼかしが非対応なのでMacユーザーはお気をつけて。後述するピクチャーインピクチャーができるのはGoogle Chromeだけです。**Microsoft Teams**も専用ソフトがあるのでインストールを推奨します。ブラウザだと背景ぼかしができません。なお、Teamsのクライアントソフトは現時点だと、やや重たいソフトです。軽量化する設定もあるので、動作が重たいと感じたら設定を変更しておきましょう。「Teams 重い」で検索すると設定方法が出てきます。

一応、どれもスマホで参加可能です。しかし、面接官から資料の画面共有があったときに、スマホの小さい画面だと苦しくなります。パソコンでの参加を推奨します。

マイクとカメラ

マイクは有線イヤホンに小さなマイクがくっついているもので十分です。何社か面接して、先方が聞き取りにくいような様子であれば、家電量販店でウェブ会議用のヘッドセットを買うとよいでしょう。１０００円台のものでも使えます。ノートパソコン付随のマイクでも問題ないといえばないですが、周囲の音をよく拾います。家族やペットがいる方は、別のマイクを用意しておくと安心です。各ソフトでマイクとスピーカーの設定をテストできるので、事前チェックもお忘れなく。

カメラはノートパソコンに内蔵されているもので十分です。デスクトップパソコンをご使用なら、ウェブカメラが必要です。安いもので大丈夫ですよ。カメラの用意ができたら、ウェブ面接でどのように写るか試してみましょう。下から仰ぐような写り方だと相手側の画面では上から目線になるので、印象は悪いです。**また、日光が強く入ると、顔が暗くてうまく見えないことがあります。顔色も大事な印象です。**私がウェブ面接や営業をするときはカーテンを閉めて、正面から顔に向かってデスクライトを当てるようにしています。

背景をぼかすべきか否か

背景ぼかしについては、賛否両論あります。最近はウェブ会議も増え、ぼかし設定くらいなら悪い印象は与えないと思います。ぼかさないほうがいいと言う方もいますが、ワンルームにお住まいの方などはどうしても背景に生活感が出ます。**完璧な背景にできないくらいなら、ある程度は片付けて、その上で背景ぼかしを設定したほうが印象はよくなるでしょう。**ぼかしでも厳しく、バーチャル背景を使うなら、夕焼けや水族館みたいな背景よりは、質素なお部屋の画像をおすすめします。ぼかしの設定は各ソフトで異なるので、事前に済ませておきましょう。Zoomではぼかし設定したけれど、Teamsでは背景が見えてしまった…のが私の失敗談です。

服装

指定がなければスーツで受けましょう。私は上だけジャケットで、下はスウェットで会議に参加することもありますが、念のため下もスーツを着用しておくほうが安心感はあります（立ち上がったときに見えてしまいますので）。

入室時間

時間ぴったりに入室するのがベターです。会社によっては「1分前に入室してください」と指定されることもあります。メールにサラッと書いてあることが多いので、よく見ておきましょう。

ギリギリになって入室しようと思ったら、ウェブ面接のＵＲＬが全然見つからないこともよくあります。複数の面接予定があるとよく起きるトラブルです。また、最近は日程調整をオンラインツールで行う企業も多くなりました。日程調整ツールで予約した「受付完了メール」にウェブ面接のＵＲＬが記載されていることも多いです。受付完了メールはすぐ消しがちなので、日程調整ツールを使うときは要注意です。**テクニック18**でご紹介した企業研究メモに、ウェブ面接のＵＲＬを貼り付けておくとよいでしょう。

カンペはＯＫ？

ウェブ面接の素晴らしいところは、堂々とメモ帳をカンニングできることです！　なお、企業の面接担当者１１５名に実施したアンケート（※）では、ウェブ面接のカンペ使用について「問題ない」が56・５％、「望ましくない」が43・５％でした。**やるならバレない程度に活用しましょう。私は使っていました。**

もしカンペを使うなら、紙のカンペを机の上に置くよりも、パソコンの画面に表示するスタイルをおすすめします。ペラペラ紙をめくっていると印象が悪いです。デスクトップパソコンの大きな画面でウェブ面接に参加するなら、上下に画面を分けましょう。左右に分けると目線だけでなく顔も動くので、不自然さが強くなります。上下に分けると目線や顔もそこまで動き

※株式会社日研トータルソーシング『Web 面接のカンペはバレる？ 使って OK？それとも落ちる？ 面接官にアンケート！』

ません。ノートパソコンの小さな画面で参加するときは、ピクチャーインピクチャー（メモ帳など別の画面を開いているときも、小さく面接官の映像が表示される）の設定方法を覚えておきましょう。「（ツール名）　ピクチャーインピクチャー」や「（ツール名）　ミニウィンドウ」と検索すると設定方法が出てきます。

なお、**カンペがあるといっても、志望動機や自己ＰＲなどの必ず聞かれるであろう質問は暗記しておきましょう。カンペから探すのも時間がかかりますからね。**

まとめ

ウェブ面接は入室マナーはないけれど、事前準備は必要。各ソフトでマイクやカメラの設定をしておこう。

テクニック

24 副業禁止の公務員が実績を作る方法

実績をどう作るか

よさそうな求人を見ると、どこもかしこも実績を求めてきます。公務員は副業ができませんから、民間企業らしい実績を作るにも難儀します。**しかし、公務員でもやり方次第では実績を作れて、それを活かしての転職が可能です。**

お金を稼がなければよいのです。例えば動画編集などのクリエイティブ職に転職したいなら、無料でYouTuberなどの動画編集をさせてもらうのもよいですね。メールで営業するなら「こんにちは。私は公務員をしているイノウエガクといいます。現在、動画編集者への転職を考えており、実績作りのため、編集のお仕事を無料でご依頼してくださる方を探しています。サンプルは、以下のURLに…」といった具合です。50人くらい営業すれば1人は返信してくれるでしょう。

プログラマーになりたいなら、自分で無料サービスを作ってしまえば実績になります。無償なので副業には当たりません。あくまで趣味またはボランティア・社会貢献です。人材業界に転職したいなら、もし転職できたと想定して、営業先のリストを作ってみるのも面白いですね。関連するボランティアに参加すれば、他の未経験者より熱意を示せます。なお、ボランティアは仕事ではないので職歴にはできません。自己ＰＲ欄などに書くとよいでしょう。

どんな実績があればいい？

他の未経験者より成長性があると思わせる程度の実績で十分です。実績を作っても、履歴書上は未経験です。

私たちが実績を作るのは、経験者が応募していない求人で、他の未経験者よりも成長性を感じさせる材料を作るためです。なのでそれほど大きな実績でなくても十分。**主体的に行動しているだけでも、まったく何もしていない人より成長性をアピールできます。**

実績作りにどれくらい時間をかけるべき？

年齢や緊急度によります。

例えば大卒で公務員になりたての人なら、１年ほど実績作りをしてもよいでしょう。まだまだ第2新卒カードを使える年齢です。

28歳くらいだと、すぐに転職活動をしたほうがよいと思います。第2新卒カードを使えるうちに転職してしまったほうがよいでしょう。余力があれば転職活動と並行して実績作りができればよいですね。面接時に「こんな実績作りの活動もしています」と言いやすくなります。

30歳を超えると、基本は実績ありきの転職が求められます。完全未経験の転職が難しくなっていくので、**テクニック9**で紹介した「軸ずらし転職」を意識しつつ、実績を作っておくと有利になります。しかし時間をかけると転職がさらに難しくなるため、やりすぎは注意です。

まとめ

公務員でもお金を稼がなければ実績は作れる。実績は大きくなくてもよいので、転職活動と並行してやってみよう！

テクニック

25 最短・最速で面接が上達する方法

一石二鳥の練習方法

面接は本番で練習するのが最短です。転職エージェントと面接の練習をして、上手になったら書類審査を申し込むのではなく、実際の面接で練習しましょう。**「よいかもな」と思った求人にはどんどん応募しましょう。内定承諾前に辞退すればほぼ問題になりません。**

また、面接を録音しておくと、さらに効率良く練習できます。1次面接はZoomやGoogle Meetでのオンライン面接が主流なので、録画・録音も簡単です（※）。業界や会社ごとに質問は異なるので、ぜひ実際の面接を経験してみてください。録音を聞き返してうまく回答できなかった質問があったら、次に向けて回答を作って覚えておきましょう。「えーと」や「あの…」が目立つものも、もう一度覚え直します。

これを繰り返していくと、面接のクオリティはどんどん上がっていきます。本番の緊張感に

※録画・録音したデータを流出させると損害賠償請求される可能性があるので、データの取扱いには注意しましょう。

も慣れ、想定質問の対策はさらに充実していきます。一石二鳥です。

フィードバックを受けたいなら、模擬面接も活用しよう

実際の面接で練習する方法には１つ欠点があります。面接官かどう思ったか、フィードバックを聞けない点です。第一印象や質問への答え方などですね。事前にしっかり練習したい方、面接官からフィードバックを受けてみたい方は、模擬面接サービスを活用してみましょう。面接の通過率がよくないときの軌道修正として利用するのもおすすめです。

転職エージェントの中には、無料で模擬面接をしてくれる会社もあります。有料でさらにハイクオリティな面接指導をしてくれるサービスも存在します。忘れがちなのがハローワーク。ここでも無料で面接指導を行ってくれます。練習することは大変素晴らしいことですが、**「このクオリティなら確実に合格」といった明確な線引きはありません。自分の中で70点のクオリティになったと思ったら、実際の面接を受け始めてよいと思います。**

まとめ

面接は実践で練習するのが一番。初めて聞かれた質問、うまく答えられなかった質問をメモして蓄積してけば、どんどん面接は上達していく。

テクニック

26 異動に合わせた3月退職にこだわらない

退職のタイミングは？

おそらく3月末に辞めたい人が多いのではないでしょうか。公務員は年度末、つまり3月に異動があるため、そこに合わせて退職したほうが職場に迷惑はかかりません。

しかし、大変申し訳ないのですが、3月末退職をあきらめたほうが転職はうまくいきやすくなります。「そんなことできるか！」というお声もあるかと思いますが、どうか理由をお聞きください。

次の図は、月ごとの有効求人数（パートを除く）をグラフにしたものです。3月退職を目標にすると、1～2月に出る求人がメインターゲットと思ってください。

確かに1～3月は有効求人が多いです。ですが、4～12月にも求人はたくさんあります。公務員は4月採用のイメージがありますが、民間企業の求人、しかも中途採用ですとタイミング

2018～2022年の有効求人数

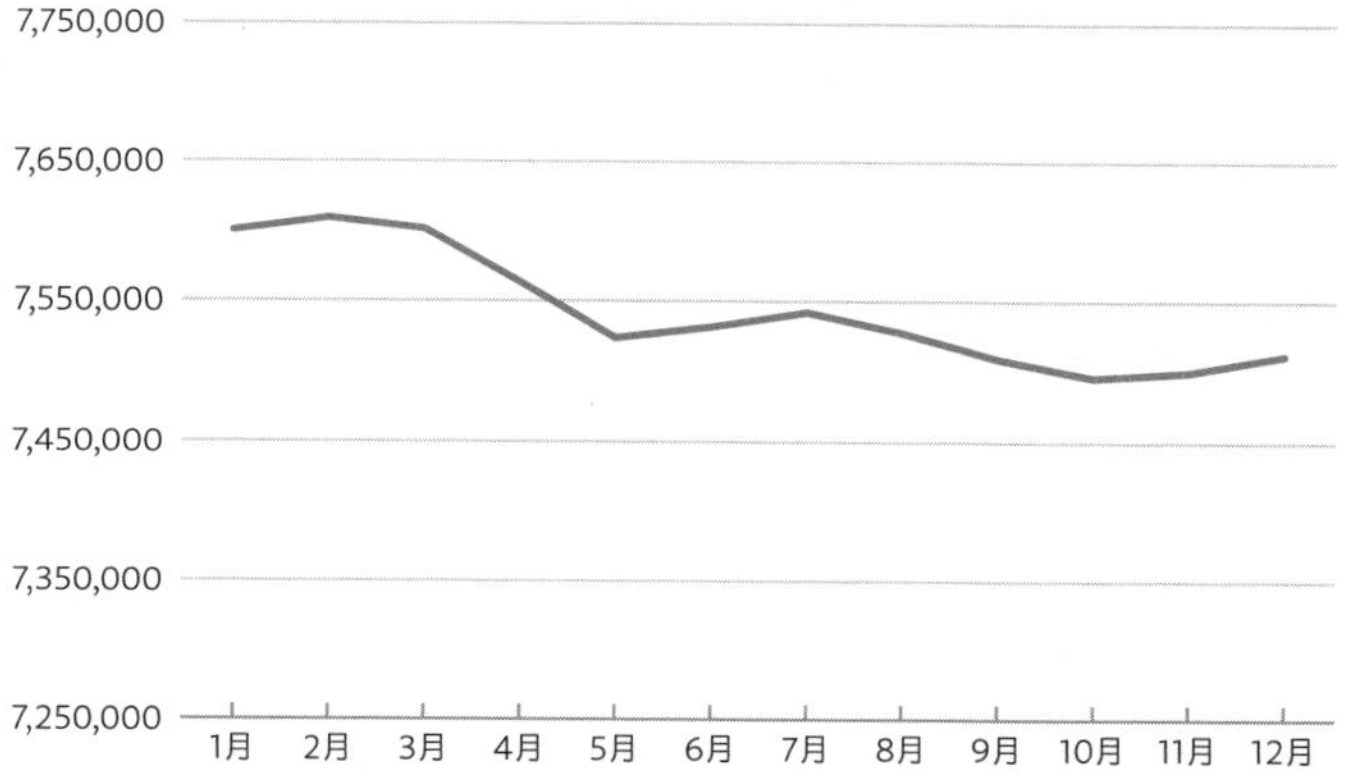

▲『厚生労働省　一般職業紹介状況　有効求人数（季節調整値）』のうち2018年～2022年の５年を合計して作成

はバラバラなのです。4～12月に求人を出している企業の中に、あなたにピッタリの転職先があるかもしれません。選択肢を狭めるのは得策ではありません。

「年度途中の退職だと職場に迷惑をかける」という意見もあるでしょう。お気持ち、すごくわかります。タダでさえ忙しいのに、自分が持っている仕事を押しつけてしまう…。うらまれるに違いない…。普段助けてもらっているから…。とお考えのことと思います。優しい考え方です。

お優しいあなたが天秤にかけているのは、次の2つです。

・同僚が3月まで忙しくなる（8月に辞めたら、9～3月は同僚が忙しい）

・あなたの人生（数十年）

軽蔑されることを承知で冷酷なことを言いますが、同僚に数か月の迷惑をかける程度で、数十年続くあなたの人生がよくなるなら、すぐにでも退職すべきです。もっと言いましょう。あなたが同僚のために辞める時期を3月末に絞ったとしても、同僚から大して感謝されることはありません。同僚のために3月末転職をしようとしてうまくいかず、不本意に公務員を続けることになっても、同僚には何の責任もありません。ですから、3月末退職は重視しないでください。大丈夫です。あなたがいなくても役所は回ります。

あなたは、流されるままだった人生から、主体的に人生を選ぼうとしています。主体的であれば、ときに我を通すこともあります。年度途中で申し訳ないけれど、それでも転職したいんだと我を通すこともときには必要です。3月末退職をあきらめ、人生の選択肢を増やしましょう。

まとめ

3月退職をあきらめるだけで転職の選択肢は広がる。今後の長い人生を充実したものにするため、ときには我を通そう。

テクニック

27 公務員から公務員への転職は可能か？

公務員間での転職

公務員間の転職は可能です。成功した事例もたくさんあります。慣れた仕事を続けられますし、同じ公務員で安定していますからよい選択になりえます。

ここでは、公務員から公務員への転職をするときに、気をつけたいポイントをご紹介します。

採用試験は2種類

公務員から公務員になるには、主に2つのルートがあります。学生が受ける高卒あるいは大卒試験枠で受けるのと、社会人枠で受ける2つですね。

高卒あるいは大卒枠で受けると、試験内容に専門科目が含まれることがあり、仕事をしながら試験勉強をするのはちょっと大変になります。ライバルも多いですが採用人数も多いので、倍率は社会人枠ほど高くありません。

社会人枠で受けると、試験内容は一般教養試験だけになることが多く、受験勉強の負担は減ります。その代わり、社会人としての実力を試すように、プレゼン形式の面接をすることも。また、採用人数が少ないので倍率も高いことが多いです。

面接対策

一度公務員試験に受かった皆様ですから、志望動機の作り方は問題ないと思います。**1つ異なるのは、転職の理由を聞かれることです。**ここでのポイントは公務員から公務員への転職に限らず、前職の悪口はタブーなこと。

人事としては、ネガティブな人はあまり採用したくありません。会社のよくないところを見つけて悪口を言う人がいると、組織全体の士気が下がってしまうためですね。面接は印象勝負な一面もありますから、悪口は言わずにポジティブに回答したいところです。

しかし現実問題、「あまりにも残業が多くて転職する」という人もいるはず。そんなときは、悪口ではなく客観的な事実で語るとよいでしょう。「月に○○時間の残業があり、どうしてもワークライフバランスが取れず体調を崩す人もいるような職場でした」といった具合です。

転職後の昇進

転職後の昇進ペースについては、さまざまなケースがあります。部長クラスまで登り詰める人もいるかもしれないし、低い号俸で採用されてしまった場合は、定年まで働いてもそれほど昇給しないこともあります。どのような条件で採用されるか、しっかり確認しておきましょう。

社会人経験がある方が公務員になると、前職の経験が評価されて給料に反映されることがあります。「職歴加算」といいます。前職でも同じような仕事をしていたと〝認められた〟場合は多めに加算されます。仕事の内容にもより、**なかには職歴加算をしても初任給に上限を設けている自治体もあります。**このあたりも個別に確認しておくと安心です。

何を目的に転職するか

根本は行政職員なので、定期的に異動があったり、多くの部署をめぐるスタンプラリーのような働き方は変わりません。とくに、市役所から市役所、都道府県庁から都道府県庁のような同じレベルの転職は、業務内容や給料形態はそこまで大きな変化は生まれないでしょう。人間関係や上司を変えたいだけなら異動でも事足ります。

公務員から公務員への転職を希望される方は、何のために転職するのかを一度整理することをおすすめします。面接対策として「なぜ転職するのか」を用意するだけでなく、転職に後悔しないために。

まとめ

公務員から公務員への転職も、民間企業と同じように慎重に。面接では前職の悪口を言わないこと。

テクニック

28 転職モチベーションを生み出す公式

モチベーションが上がらない

仕事から帰ったら、お気に入りのゲームをプレイするのが私の日課でした。

家にはストレス解消の誘惑がたくさんあります。転職活動のモチベーションなんぞ一瞬で消し去るほどのパワーです。「やりたい仕事をやるんだ！」と鉢巻きをしめても、翌日には忘れている…なんて日々が続きました。

転職活動は１日では終わりません。社会人が仕事終わりに何かを続けることは楽ではありません。モチベーションを維持するテクニックを覚えておくと役立ちますよ。

諸説ありますが、モチベーションを生み出す公式があります。この公式を見てみましょう。

∧モチベーションの公式∨

目標の魅力×達成の可能性×危機感＝モチベーション

目標の魅力

転職するとどのような明るい未来が待っているか、書き出してみましょう。生活にどのような変化が起こるか具体的にすると、モチベーションアップにつながります。仕事が楽しくなり、毎朝の憂鬱な気持ちがなくなり、ストレスが減り、もっと前向きに趣味やスポーツに打ち込めるようになり、年収も上がり50歳台でリタイア、老後をのんびり暮らす…などなど。頑張るにはごほうびが必要です。**転職のリスクもかみしめつつ、現実的かつ明るい未来を思い浮かべましょう。**

達成の可能性

こうやれば達成できるはずだと勝ち筋をイメージできれば、やる気が出てきます。面接は「1回当たりの確率」を上げ、「試行回数」を増やす戦いです。**1回当たりの確率をさらに細かくすると**、経歴や実績、スキル、それをまとめた職務経歴書、面接のクオリティなどです。**面接をさらに細かくすると**、回答の的確さや第一印象です。**第一印象をさらに細かくすると**、髪型や顔色、ハキハキした話し方…などです。チェックリストにして、一つずつつぶしていきましょう。可能性が見えてきましたね。

危機感

私はこれが一番重要だと思っています。人間、明るい未来よりホラーストーリーのほうが心が動くのです。

転職活動をしないと自分がどうなりそうか、書き出してみましょう。とにかく暗い未来を思い浮かべます。日頃、仕事に感じるストレスを整理してもよいでしょう。休日にゴロゴロしていても震え上がって転職活動を始めてしまうようなホラーストーリーです。失敗を恐れる、人間の心理をフル活用しましょう。

これでモチベーションの公式が埋まりましたね。**玄関やトイレの壁、机の上、パソコンのモニターなど目につくあらゆる場所に貼り付けてください。**いやでもモチベーションが湧いてきますよ。

まとめ

目標の魅力×達成の可能性×危機感＝モチベーション。それぞれ書き出して、よく見る場所に貼り付けよう。

column 03

「公務員は使えない」を自覚する日々

なぜ「公務員は使えない」と言われるのか

転職してすぐに「公務員は使えない」と言われるのも無理はないと痛感しました。

いうまでもありませんが、公務員と民間企業の違いは、公務員は利益を求めず、民間企業は利益を追求するところです。

公務員の仕事はスピードよりも、正確さが要求されます。行政としてミスをしないことが最重要です。国や県が定めた手続き通りに仕事を進め、小さな仕事でも何十人から決裁をもらわなければなりません。非効率的なルールや決裁も、それがルールだと決められています。現場の裁量でどうこうできるものだけではないので、効率や成果など気にしていられません（とはいえスケジュールも絶対なので、残業が生まれるわけですが）。

これが民間企業に行くと逆転。成果が重視されます。もっと具体的には「やらない」という選択肢が生まれます。一人1日8時間の中で、利益を最大化するにはどうするか？　そう考えると、重要ではない仕事はやらない判断を下しますし、利益にならないお客様のお仕事は断りますし、よい意味で「手抜き工事」をすることもあります。

利益を出すには取引が必要です。取引が成立するには、取引相手に利益をもたらさなければなりません。利益は「儲け」だけでなく、人によっては「認知度」だったり「安全性」だったり「楽しい体験」だったりとさまざまです。この感覚は、公務員時代にはなかなか培えないものでした。

公務員と民間企業の違い

3年も公務員として働いていると、ほどよく手を抜くのが苦手になっていました。ミスなくスケジュール通り、どの工程もカットせず進めるスタイルが根付いているのです。

なるほど、これは「公務員が使えない」と言われるわけだと痛感しました。**公務員が無能なのではなく、働き方のスタンス・文化が違いすぎるのです。**だから民間企業にいる人は「公務員が使えない」と思うわけです。それは確かにその通りで、利益を考えず仕事をする人は、民間企業には求められていません。

もちろん、これは努力すればどうとでも変えられます。目標から逆算して取り組むだけなので、むしろ民間企業のほうがパフォーマンスを出せる人も多くいるでしょう。ミスしないことが重視される10から100の仕事（**テクニック4**）なら、とくに感覚を修正する必要もないかもしれません。私は転職先が1から10の職場だったことと、公務員の適性が高かったようで、大きなカルチャーショックがありました。それを丁寧に、慣れない私にとことん付き合って教えてくれた職場には、感謝しかありません。

この経験から、私が転職相談にのるときは、企業規模などに加えて、社長や上司が信頼できる企業を選ぶのがおすすめと伝えています。利益を追わない体質を変えるには、人により時間がかかります。それでも丁寧に教えてくれる上司、先輩、職場であると安心です。

第4章

驚くほど味気なく退職する4のテクニック

―後を濁さない退職の方法―

内定を取れた後、退職まですべきことも整理しておきましょう。退職願の書き方・出し方、賢いボーナスのもらい方についてもご紹介していきます。

「立つ鳥跡を濁さず」は難しいものでして、正直に申し上げて後を濁す覚悟も求められるのです。どうしたって噂が多い職場ですから。後は濁す。だけどなるべく後悔をしないように…。

テクニック

29 今すぐ引継書を作る

作って損のない引継書

内定はいつ取れるかわかりません。もしかしたら、2年ほど転職活動が続くかもしれません。逆に、面接1社目で内定を取って、来月には退職しなければならない事態も十分ありえます。

企業が求人を出すということは、人が足りないということです。なるべく早く補充したいと考えています。面接で「入社まで6か月は待ってください」と伝えると不利になることも多いです。あくまで目安ですが、3か月以内には辞められる状態にしておかなければなりません。

そこで、**転職活動を始めたら、同時に引継書を作っておきましょう。それこそ、明日にも辞められるくらいに準備しておくことをおすすめします。**

もちろん「引継書」というファイルを作ったらあやしいことこの上ないので、別の目的で用意します。「プロジェクト概要」と命名したファイルを作り、そこにプロジェクトの背景・目的・

懸念事項・関係人物をまとめ、誰にでも説明できる状態にしておくのです。一度作れば少しずつ更新するだけなので、時間はかかりません。内定を取って引継書が必要になれば、作成しておいたデータから簡単に引継書を作成できます。仮に内定を取れずに年度が変わっても、プロジェクトの背景・目的・懸念事項をまとめたデータは、仕事のどこかで役立つはずです。それこそ、公務員の異動で使う引継書にも使えます。あなたの手元にあるわかりやすいと思った引継書をベースに情報をまとめるとよいでしょう。

私の失敗談ですが、退職時直前に引継書を作ろうとすると、内容の浅い引継書が生まれます。もちろん自分の管理するプロジェクトですから、背景や目的はそれなりに書けます。しかし、公務員が行う事業の背景や目的はだいたい別の資料にもまとめてあるので、後任も簡単に調べられます。そのような**浅い情報より、小さな懸念事項や、ちょっとした人間関係（あの担当者はこういう対応が嫌いだから気をつけろなどの情報）のほうが重要だったりします。次の担当者にはわからない情報だからです。**

日記を付けるように日々の仕事をまとめ、明日にでも辞められる状態を作っておきましょう。「この引継書なら、後任も安心だ」と思うことができれば、転職活動そのものにより集中できるようになります。

そうそう。転職活動をしていることは、職場の同僚には最後まで伝えないことをおすすめします。職場というのは閉鎖的な部分がありますから、転職する異分子になると肩身も狭くなります。辞めようとしている人間と働きたくない人もいます。退職願を出すときまで、内緒です。あるいは上司と相談して、いつ同僚に伝えるか調整しましょう。

まとめ

明日にでも辞められるように、引継書を作っておこう。手元にある引継書の中で、わかりやすいと思ったものを参考にすると作りやすい。

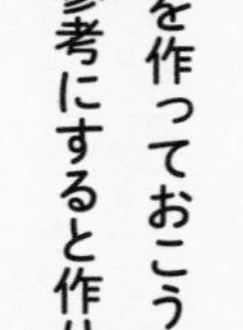

テクニック

30 もらってから辞める？賢いボーナスのもらい方

ボーナスの支給日と基準日

ボーナスをもらえる基準日ギリギリまで働いて退職される方も多くいます。公務員に限らず、民間企業でもよくある話です。あらかじめ決められた規定に則り、労働の対価として正当にいただくのであれば個人的には問題のない行為だと思います。税金であることは、心に留めておきましょう。

支給日と基準日

公務員にはボーナス（期末・勤勉手当）があり、夏と冬に支給されます。**ここではわかりやすく国家公務員を例にお話ししていきますが、地方公務員は自治体ごとに決まっています。**おおよそ国家公務員と同様と思いますが、念のため、ご自身の自治体について調べてみてください。
支給日は6月30日と12月10日とされていますが、実はこの日まで勤めなくてもボーナスはもらえます。夏のボーナスは、12月2日から6月1日まで働いた期間をもとに計算し、基準日である6月1日に在職していた公務員が支給対象になります。**つまり、夏（6月30日）のボーナスを満額もらうには、6月1日まで働いていればOKです。**冬のボーナスなら12月1日まで働いていればOK。公務員を辞めた後でも、ボーナスが振り込まれます。

人事院規則9－40（期末手当及び勤勉手当）※

第10条　期間率は、基準日以前六箇月以内の期間における職員の勤務期間の区分に応じて、別表第二に定める割合とする。
第14条　期末手当及び勤勉手当の支給日は、別表第三の基準日欄に掲げる基準日の別に応じて、それぞれ支給日欄に定める日とする。ただし、支給日欄に定める日が日曜日に当たるときは同欄に定める日の前々日とし、同欄に定める日が土曜日に当たるときは同欄に定める日の前日とする。

また、基準日より前に辞めた場合もボーナスは支給されます。基準日以前の6か月で勤務した期間によって、どれくらいボーナスが支給されるか決まっている形です。6か月勤務していたなら100％、5か月15日以上6か月未満なら95％と細かく設定されています。

※国家公務員の場合です。地方公務員の場合は、自治体により違いがあります。

別表第二（第10条関係）

勤務期間	割合
六箇月	百分の百
五箇月十五日以上六箇月未満	百分の九十五
五箇月以上五箇月十五日未満	百分の九十
四箇月十五日以上五箇月未満	百分の八十
四箇月以上四箇月十五日未満	百分の七十
三箇月十五日以上四箇月未満	百分の六十
三箇月以上三箇月十五日未満	百分の五十
二箇月十五日以上三箇月未満	百分の四十
二箇月以上二箇月十五日未満	百分の三十
一箇月十五日以上二箇月未満	百分の二十
一箇月以上一箇月十五日未満	百分の十五
十五日以上一箇月未満	百分の十
十五日未満	百分の五
零	零

別表第三（第14条関係）

基準日	支給日
六月一日	六月三十日
十二月一日	十二月十日

ボーナス優先の転職はしないように

ボーナスは大変ありがたいお金ですが、それを優先するばかりに転職の選択肢を減らすのはおすすめしません。「自然に転職スケジュールを組み立てていたら、自然とボーナスをいただくことになった。いただけるのであれば、働いた対価としてありがたくちょうだいする」といったスタンスが気持ちいいですね。

このあとの**テクニック32**で「退職後の噂は気にしない」とお伝えしています。とはいえ、噂になるような行動はしないに越したことはありません。転職した数年後に、前職の方と会う機会もあるかもしれませんから。

まとめ

ボーナスは「支給日」ではなく「基準日」をベースに計算される。賢くボーナスを受け取ろう。

テクニック

31 許可がないと公務員は辞められない？　退職願の書き方

具体的な退職手続きを押さえておきましょう。手続きそのものは難しくありません。

＜退職の流れ＞（組織により前後します）

・退職日の２～３か月前くらいに上長に退職願を提出
↓
・所属長や幹部に理由を説明
↓
・同僚に説明
↓
・引継ぎ業務
↓
・人事課の指示通りに書類を作成
↓
・退職

退職願を出した後の挨拶などは前後することはあります。気合いを入れてやることといえば、退職願を作るくらいのものです。

肝心の退職願は5分もあれば完成します。白紙のA4用紙に次のようにボールペンで書いて、ハンコを押すだけ。自治体によっては条例で様式の指定があるので調べてみてください。退職願の宛名は任命権者、提出するのは所属長です。

退職願の例

退職願

私儀

このたび、一身上の都合により、勝手ながら○年○月○○日をもって退職いたしたく、ここにお願い申し上げます。

○年○月○日

○○市総務部総務課総務係　○○○○　印

○○市長　○○○○殿

退職願は退職届や辞表などということもあります。公務員が退職するときは、任命権者の許可を得る必要があるため、「退職をお願いする」として退職願を使うことが多いようです。

提出の期限は国や自治体によってケースバイケースです。民間企業では、退職の２週間前までには、あるいは就業規則で個別に決まっていますが、公務員についてはそうでもないのです。人事院規則「任命権者は、職員から書面をもって辞職の申出があったときは、特に支障のない限り、これを承認するものとする」（※）とあるだけ。明確な決まりはありません。地方公務員の場合は独自でルールを定めていることもあるので、事前に確認しておきましょう。目安としては、遅くても１か月前には提出したいです。引継ぎの期間として、それくらいは最低でも必要になるでしょう。**有休を消化して、慌てることなく円満退職するなら２〜３か月前が目安です。**

また、退職願を書くのは簡単なのですが、提出するのが難しい場合もあります。いきなり上司に「辞めます！」と退職願を出すのは人により高いハードルがあるでしょう。私は机の中で１か月も退職願を温めていました。

どうしても対面で言い出せないときは、メールで相談する方法もあります。「こんな事情があり、退職を考えています。ご相談に乗っていただけると幸いです」なんてメールですね。私もこうして切り出しました。残業終わり、上司が先に帰っているときに送り、翌日相談に乗っ

※人事院規則 8-12（職員の任免）第５章第 51 条　任命権者は、職員から書面をもって辞職の申出があったときは、特に支障のない限り、これを承認するものとする。

てもらいました。**相談するときには「メールで失礼いたします」と申し添えるのを忘れずに。あまり推奨はされない方法です。**

場合によっては退職願の受理を拒否されることもあります。それは上司の独断で行っているものと思いましょう。前述の通り、人事院規則では「任命権者は、職員から書面をもって辞職の申出があったときは、**特に支障のない限り、これを承認するものとする**」としています。地方公務員も同等に考えてよいでしょう。退職を引き留めることは可能ですが、退職願の受理を拒否するのは不可能です。上長がどうしても受け取らないなら、人事課にでも提出しましょう。まれに詰問される事例もありますので、録音しておくとよいかもしれません。引き留めが激しいときは「次の会社の入社日が決まっています」と伝えればキッパリ断れます。

まとめ

退職の手続きそのものは難しくない。なかなか提出できずに時間がかかることもあるので、早めに用意しておこう。

テクニック

32 噂が多い公務員。退職後の評判は気にしてもムダ

コントロールできないものは気にしない

退職が差し迫るとき、自分に関する噂話を聞くかもしれません。明らかに他人からの目が変わることもあるでしょう。**これはどう頑張ってもコントロールできません。退職後、自分に悪い噂が立たないか考えるのは止めましょう。**

応援してくれる人、背中を押してくれる人がいる一方、そうでない人もいます。残る方々からすれば、あなたが「楽な場所に逃げる根性なし」か「公務員を辞めるなんて馬鹿な考えを持った人」に見えるかもしれません。

噂好きが多い職場です。引継ぎの前だけよい顔をしても普段の仕事ぶりから噂は立ちますし、普段から誠実に仕事をしていても悪い噂は立ちます。

噂話を出さないようにするには、あなたの職場から「確固たる証拠もなしに噂話に盛り上が

る人」を0にできれば可能ですが、そのようなことは不可能です。**コントロールできないものに時間と労力をかけても意味はありません。**次の職場のこと、将来のキャリアのこと、引継ぎのことだけを考え、ドライに進めていきましょう。

あなたができることといえば、同じように転職する人がいたら、噂話をせず背中をそっと押すように心がけるだけです。

「いなくなるから、どうでもいいや」は身を滅ぼす

お恥ずかしながら、私の失敗談です。どうせ二度と会わないだろうと適当に退職のあいさつをするなど、あまりにもドライになるのはおすすめしません（そんなことをするのは私だけとは思いますが念のため）。なぜか世間は意外と狭くて、退職して3年後くらいにバッタリ出会う瞬間があります。

特段の理由もないのに自分から嫌われに行く必要はありませんよ。

まとめ

退職後の噂を止める方法はない。自分ではコントロールできない部分なので深く考えず、退職後の人生について考えよう。

column 04

悪い転職エージェントもまれにいる

転職先とあなたの間に立って調整してくれるのが転職エージェント。無料で利用できることがほとんどなので、ぜひ活用しましょう。私もお世話になっていました。とても頼りになる存在ですが、依存しすぎると危険な一面もあります。悪い転職エージェントがいるかもしれません。

なぜ、悪いエージェントがいるのか

これを語るには、転職エージェントが無料な理由から語らねばなりません。あなたが転職エージェントを介して、株式会社Aに年収600万円の条件で転職したとします。すると株式会社Aから転職エージェントへ成功報酬が支払われます。だいたい転職者の想定年収の20～40％ほど。600万円の30％とすれば、180万円が転職エージェントの報酬です。転職エージェントは企業側から報酬を得ているので、私たちは無料で使えるわけですね。

お察しの通り、たくさん転職させると転職エージェントは儲かります。ブラック企業でもいいから、とにかく転職させよう…と考える悪い転職エージェントが0とはいえません。

こんな転職エージェントには注意

私の経験上、ちょっと危ない気がする転職エージェントの特徴です。

・伝えた条件とズレた提案を続ける人
・否定ばかり・肯定ばかりする人
・あまりにも決断を急かす人

「最初はとにかく内定を取りましょう」とか「こちらのほうが転職しやすい」とか、理由は何であれ条件を守らない転職エージェントもたまにいます。残業時間が想定よりちょっと多いくらいならよいのですが、まったく的外れの求人を提案するなら断りましょう。

頭ごなしに否定する、あるいは何でも肯定する転職エージェントにも要注意。言い換えれば、こちらのニーズを深掘りしない転職エージェントですね。職務経歴書の添削もしっかりしてくれる人だと安心です。「早く決断を！」とひどく決断を急かす転職エージェントもいます。心の底からおすすめの求人だったり、ライバルが多くて早く対応したほうがよい場合だったり、正当に急かしていただく場面もあります。そうじゃない場合もありまして、有り体にいえばノルマのためですね。決断を急かされたときは、その理由を聞いておきましょう。実際、急いだほうがよいこともあります。

あまり信用できない転職エージェントに当たったときは、別の担当者にするようお願いするか、別の会社を利用しましょう。

第5章

転職後に幸せをつかむ7のテクニック

ー民間企業で生き残り、真の安定を手に入れる方法ー

転職がゴールではありません。最終目標は主体的に人生を幸せに生きることです。そのためには、転職後もやることがいくつもあります。

まずは民間企業で生き残っていくこと。日々を生きていくだけなら難しくありませんが、自分の理想通りのキャリアを実現させようとすると難しい。最近はAIの発展によってさらに難しくなったと感じます。

もちろん、正社員になれば簡単にクビにはされません。しかし、万一転職先が倒産したときに備え、また別の会社に転職できる実力も求められます。年収を上げていくなら、何度か転職することも視野に入ります。

長い将来のことだけではありません。転職直後にも問題があります。皆様は公務員。転職先は民間企業。違いは「利益を求める体質」です。私はこのカルチャーショックに大変苦労しました。

そこで第5章では、公務員から民間企業に転職した直後に起きる問題から、長い人生を民間企業で生き残っていくテクニックをご紹介します。

テクニック

33 民間企業にいち早くなじむための2つのポイント

公務員から民間企業に行くとカルチャーショックの連続です。スキル的な意味ではなく、働くときの考え方が違うためです。そこで、なるべく早く転職先になじむために重要な2つのポイントをご紹介します。私の失敗談を交えながら…。

前職の常識を忘れる

私が転職してまず最初に失敗したのがこれです。民間企業に転職したら、公務員時代に培ったビジネスマナーや、仕事の進め方、その他常識と思っていることはすべて忘れましょう。前職では…と、公務員の常識を持ち出しても、民間企業では非常識なことも多いです。公務員から民間企業に行ったときだけの話ではありません。**民間企業それぞれに風習やマナーがあるため、どこからどこに転職しても「前職の常識はすべて非常識」と思っておくと、失敗が減ります。**

「いやいや、こんなお客様対応だと公務員じゃ通用しないよ」なんて思うこともあるかもしれません。私もそんな話をして「ここは市役所じゃない」とさとされたことを覚えています。「このお客様はお得意様だから、今回だけ特別！」こんな対応、公務員時代は考えられませんでしたからね。

転職してしばらくは、ひとまず言われた通りに仕事を進めることをおすすめします。最悪のパターンは、教えてもらったやり方をせず、自己流で進めてミスすることです。「そんなこと教えていないよね？」なんて話になると、信頼を失ってしまいます。**自分の中で間違っていると思うところがあれば、先輩に相談しましょう。何か裏側の理由があって、そうしているのかもしれません。**

時間の使い方を細かく相談する

民間企業では、時間の使い方が公務員とずいぶん異なります。公務員は放任主義が多い印象です。「この仕事を今月末までに終わらせて。君がどんなふうに進めても気にしない。うまくやればそれでいいよ」という形が多いでしょうか。民間企業では「この仕事は何時間で終わる？3時間？　じゃあ2時間でだいたいまとめたら報告して」なんて形です。

失敗談です。私が民間企業に転職してすぐ、とある仕事を任せてもらいました。その仕事に何時間使ってよいか指定がなかったので、丁寧にできる限りのことをしたら「今はそこまで求めていない」と言われたことがあります。「そんなの先に言ってくれよ！」と当時は思いましたが、仕事のクオリティと締め切りを確認しなかった私のミスです。

仕事のクオリティと使ってよい時間は二者択一です。公務員だとクオリティ（ミスしないこと）が最優先ですが、民間企業では時間や売上が優先になることも多いです。これは仕事ごとに異なるので、都度確認しておくと安心です。

その仕事を終わらせるまでに何時間かかるか、予測しながら仕事をしてみてください。小さい仕事でも何分かかるかメモしておくとよいでしょう。最初は予測とはずれるかもしれませんが、慣れるにつれて少しずつ精度が上がっていきます。

まとめ

前職の常識は非常識。公務員としての働き方は忘れて取り組もう。特に注意したいのは時間の使い方。わからないことは罪ではないので、どんどん周囲の人に聞こう！

テクニック

34 会社の「情報発信者」になれ

メール１通で「ちょっと物知りな新人」に

手っ取り早く周囲から信頼され、頼られる人材になるには、情報発信がおすすめです。

公務員の中にも、役職持ちでもないのにさまざまな部署の情報を持っている人や、妙に信頼の厚い人がいます。さながら映画に出てくる情報屋のようです。**情報屋に情報が集まるのは、情報屋が自ら情報発信しているからです。**情報発信をすると自然と「あいつは物知りだ」と思われ、何かと相談されます。「プロジェクトを始める前に、とりあえず物知りな情報屋に相談しておこう。粗を見つけてくれるかもしれない」と思う人も多いのです。こうして情報屋には情報と信頼が集まります。ちょっとした会話から他部署の状況を知れたり、新しいニュースを聞けたりもします。

情報発信といっても、チャット１つで十分です。**あなたの強いジャンルで、仕事に役立ちそ**

うなニュースを見つけたら同僚に教えてあげましょう。内容もこんなもので十分です。「こんなニュースがありました。ちょっとした共有です。〇〇に使えるかも？　アイデア募集中！」

月に1回の情報発信でも続けていると、同僚からニュースを教えてもらえるようになります。**いつもニュースを教えてもらっていると、恩返ししたくなるのが人間です。**「こんなニュース見つけたけど、役に立つかな？」といった具合です。役に立ちそうであれば「新しいニュースです。〇〇さんから教えてもらいました」とシェアしましょう。同僚もうれしい、あなたもうれしい、周りは信頼してくれる。よいことばかりです。そのうち、あなたの強みが周囲にも伝わり、信頼されます。

入社して半年ほど経ち、会社に打ち解けたらぜひ始めてみてください。ただし、急に「イノウエガクの今日のニュース」なんて件名のメールを送るとドン引きされます。コツは「ちょっとした共有」にとどめることです。

まとめ

職場から信頼されるには、情報発信者になるのがおすすめ。半年くらいして慣れてきた頃に「ちょっとした共有」をしてみよう。

テクニック

35 上司に好かれる「生意気」を身につける

上司から気に入られるのも大切なスキルです。成果主義を取り入れていても、上司に気に入られる人が先に昇進することも当然あります。

上司から気に入られる能力は、後天的に身につけられるスキルです。「上司に好かれる生意気」を身につけておいて損はしないでしょう。生意気といっても、上司にタメ口をぶちまけるわけではありません。「うい、お疲れ！」なんて言おうものなら、生意気を通り越して無礼に当たりますね。ポイントは3つです。

1．自分には遠いとわかっている目標と、やる気を伝える

上司に好かれる生意気とは、ここに集約されます。自分の能力はいったん棚に上げて、仕事やキャリアに関する遠い目標を伝えましょう。理由は後述します。

私が転職してしばらくした後、上司との面談で「部長になりたいです」と伝えました。元土木公務員、ウェブマーケティングのド素人が言うのですから、我ながら生意気です。

目標は頑張れば実現できそうなものにするのがコツです。世界平和を実現したいと伝えて、本気で考えてくれる上司は少ないでしょう。私が「部長になりたいです」と伝えたのも、転職先の組織構造があまり大きくなく、部長への昇進が大企業ほど遠くなかった背景があります。近すぎず遠すぎず。ちょっと生意気な目標です。

目標と一緒にやる気も伝えましょう。目標達成のために本気で取り組むことを証明します。「目標達成のために、個人的に○○をしている」といった形ですね。プライベートの話をしてもまったくかまいません。

1つポイントとして、できれば上司と二人きりでこの話をすることを進めます。「折り入って相談が…」と上司を呼び出してから、こういう話をするほうが、上司も気持ちがいいものです。

2. 目標を達成する方法について、上司に教えを請う

生意気な目標と具体的なビジョン、やる気を伝えたら、それを達成するための方法を上司に教えてもらいましょう。

「自分ではこうだと思っているんですが、本当にこれでよいのでしょうか?」「○○さんの目

から見て、僕に足りないところはどこでしょうか？」「○○さん、教えてくださいませんか？」

上司が新人からこんなことを言われたら、それはもう快感でしょう。「生意気な奴だ。だが心意気はいい。私が思うに、君がその目標を達成するには…」といった具合です。

重要なのは、上司があなたを「育てたい」と思うことです。完璧ではいけません。未熟で伸びしろがなければ、育てようがありません。成績で上司に気に入られるのは大変です。**あなたの成績が社内Ｎｏ．１でも、上司が気に入っているのは成績であって、あなたの性格ではありません。**

大きな目標を持っているのに未熟で、頻繁に「教えてください！」とやる気たっぷりに気持ちよく聞いてくる。それが上司に気に入られる生意気であり、「引き上げてやろう」と思われるコツです。ただし、この方法を使うときは、上司の言うことを盲信する前提ですので、できる限り信頼できる人に相談してくださいね。

３．定期的に進捗報告をする

もっと上司に気持ちよくなってもらうには、「上司のおかげで育っている」と実感させなくてはなりません。

定期的に二人きりの場を設け、目標への進捗を報告しましょう。「教えてもらった通りやったら、上手にできました！」と言われたら、上司はもう気持ちよくて仕方ありません。**成功でも失敗でも定期的に報告します。成功したなら、成功して感じたことを。失敗したなら、自分で見つけられる限りの改善点と、失敗から得た成長と、上司への相談を。**物理的な進捗だけでなく、何に驚いたのか、何に苦労したのか、精神的なこともたっぷり伝えるとよいでしょう。成長とはそういうものです。

人を育てるのが上司の仕事です。あなたの成功は、上司の成功でもあります。小さいことでも胸を張って報告しましょう。

私が「後天的生意気」を実践したのは、民間企業に転職してからでした。公務員時代の私は大変ぶっきらぼうで、人に目標を伝えたこともありません（目標がなかったのもありますが）。その後転職した民間企業の上司が素晴らしい方で、私に足りない、人とぶつかることの大切さを教えていただきました。「後天的生意気」は私自ら作ったものではなく、上司が直接、教えてくれた方法なのです。

まとめ

成果を出しつつ、上司に気に入られるのが一番。可愛らしい生意気さを身につけ、スピーディーに昇進しよう。

テクニック

36

陰口を言う人には近づかない

「あなたは、もっとも一緒に過ごす時間の長い５人の友達の平均になる」

コカ・コーラやＩＢＭのコンサルタントを務め、自身も起業家であったアメリカの成功哲学者、ジム・ローンの名言です。５人の法則とも呼ばれます。

一緒にいる時間が長い人ＴＯＰ５を考えてみてください。

あなたが参考にしたり、仕事を真似したりするのは、その５人からではないでしょうか。

５人の法則は経験則で、正確な統計データがあるわけではありません。なるべくデータに即した話をすべきと思いつつも、私もこれはおおむね正しいと経験上いわざるをえません。

よく一緒にいるグループと自分に違うことがあれば、自然とグループに合わせていくのが人間です。あなたの友人が５人とも積み立て投資をしていれば、あなたも積み立て投資に興味を持つでしょう。

ここからは、この5人の法則がおおむね正しいとしましょう。**あなたが前向きに成長するには、あなたの周りは、前向きな5人に囲まれていたいですね。**逆に近づきたくないのは、他人の陰口をたたく人です。

「あの上司、いきなり仕事押しつけやがって。お陰で残業だよ。仕事のできないやつだ。お前もそう思うだろう?」。どこにでもある会話です。こういった陰口をたたく人から少しずつ距離を取れば、あなたの周りに前向きな人が集まります。

まとめ

陰口を言う人とは距離を取り、自分の目標に近い人と仲良くなろう。あなたは、最も一緒に過ごす時間の長い5人の友達の平均になる。

テクニック

37 笑顔を作って心臓で話を聞く

会社でうまくやっていくには、コミュニケーション能力も重要です。といっても、そう簡単にコミュニケーション能力が上がるものではありません。私も下手くそです。冗談に乗れない。面白いツッコミもできない。質問の意図を理解できない。答えもチグハグ。**会話をしながら同時に考えるのが苦手なので、ひとまず「会話がよく続くような方法」を上司に教えてもらっていました。**

万能ツール「笑顔」

会話中に笑顔を維持する練習をしましょう。笑顔を作っておけば、コミュニケーションが下手でも話が温和に進みやすくなります。打算的でまったくかまいません。**ムスッとしているよりは、笑顔のほうが嫌われにくくなります。**私がクライアントと打ち合わせをするときも、笑顔を作っておくと、明らかに相手の反応がよいです。

笑顔によるコミュニケーション効果の研究も進んでいます（※）。大学生100人と社会人90人に、同一人物の微笑み顔（口を開けない笑い）・笑い顔（口を開けての笑い）・真顔・しかめ顔を見せた実験があります。結果は、大学生・社会人どちらも笑顔に好印象を持ちました。

にこやかにしておけば、会話がうまくなくても印象はよくなります。それだけでも前進です。

心臓で話を聞く

人の会話を聞くとき、身体の方向をその人に向けましょう。私が上司から指摘された当時の言葉通り「心臓で話を聞く」と覚えています。心を込めるという意味もあるでしょう。

パソコンを操作しているとき横から話しかけられたら、手を止め、心臓（体の向き）を相手に向ける。お昼ご飯を食べているとき、ちょっとした質問をされたらスマホを置いて相手に心臓を向ける。これだけでも、見た目はずいぶん変わります。

「あなたの話に興味がありますよ」と示すと、相手は話しやすくなります。**自分がコミュニケーションを上手になるより、コミュニケーションが上手な相手が、気持ちよく会話を振ってくれるようにしたほうが手っ取り早いのです。**

コミュニケーション能力はすぐには上がりませんが、笑顔と身体の向きならそこまで脳の回

※井上清子（2014　表情が初対面の相手に与える印象 p3）

転はいりません。印象が変わるだけでも会話は進みます。ぜひ今日から使ってみてください。

まとめ

「笑顔を作って心臓を向ける」。話しやすい印象を作って、コミュニケーションが上手な人に話を続けてもらおう。

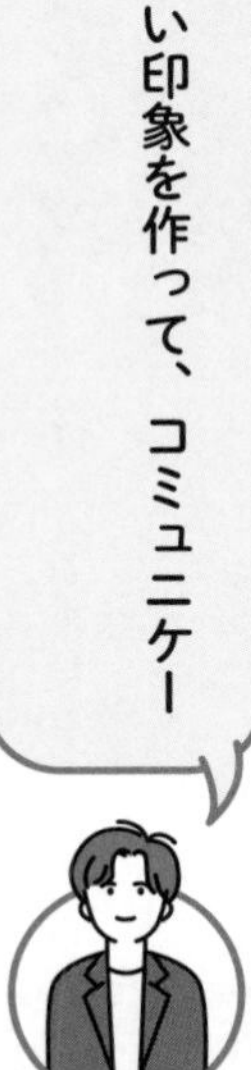

テクニック

38 1日の5%をスキルアップに使う

民間での出遅れをカバーするには？

転職に成功しても、あなたは民間企業のサラリーマンとして数年は遅れています。遅れを取り戻さなければなりません。**毎日5%の勉強をコツコツ続けましょう。**24時間の5%は約1時間です。

1日の労働時間は8時間です。平日5日働けば40時間。これに毎日1時間のスキルアップを含めれば7時間追加され、合計47時間のスキルアップができます。1週間に40時間のみスキルアップしている人の約1・2倍です。

追いつけるか不安かもしれませんが、大丈夫。民間企業のサラリーマンにもまったく勉強しない人がいます。平均くらいに追いつくのは難しくありません。

株式会社ベネッセコーポレーションが2022年に18～64歳の男女（学生を除く）を対象に

学習状況セグメント別の割合

POINT　社会人の学習状況について、
学習経験率は45%。学習意欲率は47%。

**学習経験有無別×学習意欲有無別に、
学習状況を4つのセグメントに分けた。**

A	社会人になって学習したことがあり、これからも学びたいと思う層	33.6%
B	社会人になって学習したことはないが、これから学びたいと思う層	13.5%
C	社会人になって学習したことがあるが、これからは学びたいと思わない層	11.5%
D	社会人になって学習したことがなく、これからも学びたいと思わない層	41.3%

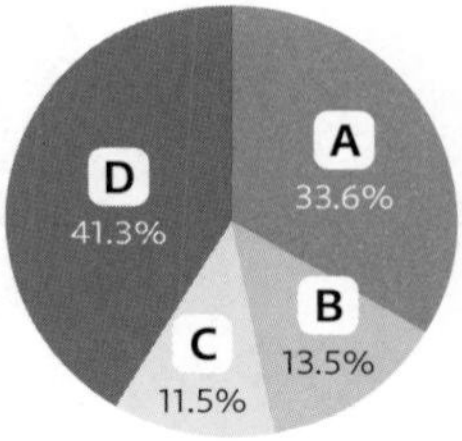

18～64歳の男女（学生除く）=100%
(n=35,508)

		学習意欲	
		あり	なし
学習経験	あり	A　学習し続けている層（「学んでいます」層）	C　学習をやめた／やめる層（「学ぶの疲れた」層）
	なし	B　これから学習したい層（「学ぶつもり」層）	D　学習意欲なし層（「なんで学ぶの」層）

Q.あなたは直近1年以内に何かを学習したことがありますか。
　また、直近1年より前に何かを学習したことはありますか。
　ただし、学生時代のことは除いてお答えください。
　※趣味／スキルアップなどの目的や、書籍や講座受講などの学習手段は問いません。
　S1.直近1年以内　※学生時代は除く
　S2.直近1年より前　※学生時代は除く

Q.あなたは今後1年以内に何かを学習したいと思いますか。あてはまるものを全てお選びください。
　※趣味／スキルアップなどの目的や、書籍や講座受講などの学習手段は問いません。

▲【社会人の学びに関する意識調査 2022】（ベネッセコーポレーション）

行ったインターネットアンケートでは図のような結果になりました（アンケートの調査は民間企業のサラリーマンに絞ったものではありません）。

今も勉強しているのは33・6％で、残りの66・4％は勉強していません。意外と、勉強する人は少ないのです。

言い換えれば、それでも民間企業のサラリーマンとして生きている人が大勢いるのです。その人達よりも優秀になれば、クビになることはそうそうないでしょう。

勉強方法はさまざまですが、本を買うのがもっともコスパのよい方法です。本を書いている私が言うのもどうかと思いますが、フリーマーケットアプリで中古本を買って、読み終わって重要な部分だけメモをとったら、またフリーマーケットアプリで売れば、ほぼ0円で読むことも可能です。

勉強しつつ、お金も稼げる副業もおすすめです。副業から独立へつなげる方も多くいます。

もし副業をするときは、本業に活かせる副業を選びましょう。本業と副業がチグハグだと、スキルが分散されます。副業でお金を稼ぎつつスキルアップし、本業の給料を上げることができれば最良ですね。

私たちは出遅れていますが、取り戻せる遅れでもあります。1日の5％を目標にコツコツ続けていきましょう。

「家に帰ってきた後、やる気が出ない」という方は、**テクニック49**もぜひご覧ください。

まとめ

1日の5％をスキルアップに使って、遅れを取り戻そう。コツコツ続けることで、民間企業のサラリーマンとしての遅れを取り戻せる。

テクニック

39 月に1回、職務経歴書を更新する

自分の市場価値を常にチェックする

転職後も月1回は職務経歴書を更新しましょう。もちろん、すぐに辞めるわけではありません。今の自分が転職市場でどれくらいの年収になるかを確認するためです。

あなたは公務員を辞めました。もう待っているだけで、年収が上がることを期待できません。会社員としての年収を上げるには、会社で評価され昇給するか、成果に応じたインセンティブを得るか、さらに年収が高くなる企業に転職するなどの方法があります。たいてい転職がもっとも早く年収を上げる方法になるでしょう。民間企業の世界では2回、3回目の転職も当たり前です。

同じ仕事でも企業によって年収は変わります。あなたが持っているスキルをどれくらい評価するかは、会社によって異なるためです。

転職後に求人サイトを見ると、景色が変わっているはずです。「経験者のみ」にも応募できるようになっているためですね。最大のハードルがなくなりました。さらに高い年収を提示する経験者優遇の求人にも申し込めます。**とはいえ、転職後すぐではスキルも実績も足りません。さらに高い年収を提示する求人が求めるスキル・実績を把握しておき、それを目標に仕事をするとよいでしょう。**やった仕事は時間が経つと忘れます。月1回、職務経歴書を更新すると忘れませんし、目標への進捗もわかります。

どの企業でも働けるスキル・実績を持つことができれば、それも安定の1つです。次の転職のビジョンを持っておけば、万が一の倒産やリストラにも慌てずにすみます。

まとめ

転職後も月1回、職務経歴書を更新しよう。今の自分がどんな年収になるのか、そしてさらに高い年収になるにはどうしたらよいか情報収集しておけば、万一の倒産やリストラにも強くなれる。

column 05

なぜ YouTube を始めたの？

２０２1年の11月から現在まで、イノウエガクはYouTubeもやっています。公務員↓民間企業サラリーマン↓YouTuber（現在の本業はライターやコンサルタントですが）と、変わったキャリアです。YouTubeを始めた理由は打算的で、ライターやコンサルタントだけだと将来食えないと思ったからです。ChatGPTなどのＡＩによる影響を加味してのことでした。

がむしゃらに頑張って働きたいタイプではありません。強い目標を持てないので、どこかの会社に雇用されて命令されているほうがパフォーマンスは出せます。しかし、人と話すのが苦手なので、フリーランスや小さな会社の役員として、ひとりビジネスをしているほうが総合的にストレスはありません。

じゃあどうしようか、と思って始めたのがYouTubeでした。オモシロYouTuberの才能はないので、どこかに特化してライバルを減らし、社会的意義がある活動をするほうが知名度も上がるだろう。そこから仕事につなげよう、そんな考えでした。私の持っているカード（能力や経歴、実績）のうち、できそうだったのが「公務員と民間企業のギャップ（壁）を0にする元公務員YouTuber」でした。

打算的に始めたYouTubeですが、応援のお声も多々いただき、次第に力も入っていき、こうして本を出したりしています。

私のキャリアは真似すべきものではありません。しかし、実験台としては役立つと思っています。それもまた、YouTubeを始めた理由です。

第6章

公務員を続けながら選択肢を広げる5のテクニック

―リスキリングにもゴールが必要―

公務員を辞めるのが正義ではありません。大切なのは幸せな人生を送ることです。そのために公務員を続けるのが正解なら、辞めるべきではありません。

しかし、本書を手に取ったあなたは、何もせず公務員をただ続けることを少し不安に感じているのではないでしょうか。公務員とはいえ絶対に安定ともいえません。

人生の選択肢は多いに越したことはありません。「アレがダメなら、コッチでやればいいや」と選択肢があるだけでも、生きるのは随分楽になります。定年後の選択肢を増やすことにもつながりますね。社会の流れに合わせて、公務員にも成果主義らしさが入り込む可能性もあります。

そういった未来に備えるため、公務員を続ける方は「リスキリング」を始めてみるのはいかがでしょうか。新しいスキルを身につけ公務員としてキャリアアップしたり、公務員以外でも通用する技能を習得したりですね。人生の選択肢を増やし、より主体的に、自分が望む人生を選べる立場に立つのです。

テクニック

40 年収が上がる？「リスキリング」を知る

リスキリングとは？

リスキリングとは直訳すると「学び直し」なのですが、最近は、もう少し狭義の意味を持ちます。国はこれを「成長分野に移動するための学び直し（※1）」と表現しています。成長分野とはデジタル分野と考えてよいでしょう。いわゆるＤＸ人材（※2）ですね。

とはいえ、学び直しはデジタルだけに限定しなくてもよいだろうと考え、本書ではリスキリングを「公務員としてさらに活躍するためのスキル」あるいは「公務員以外の職場でも働けるスキル」の学び直しとしてご紹介していきます。

内閣府の資料（※3）では**「自己啓発を実施した人と実施しなかった人の年収変化の差額は、1年後には有意な差はみられないが、2年後では約10万円、3年後では約16万円でそれぞれ有意な差がみられている。」**とのこと。長年続けていれば、かなり年収が上がる可能性があります。

※1　内閣官房ホームページ『新しい資本主義のグランドデザイン及び実行計画の実施についての総合経済対策の重点事項（案）』

公務員のリスキリングは何を勉強すべき？

民間企業では、優れたスキルは年収アップにつながります。では公務員は？　**まだまだ年功序列が強い組織ですから、年収アップにつながるとも確信できません。公務員が好きで、辞める選択肢もないのであれば、いったい何をリスキリングするべきでしょうか。**

公務員が何をリスキリングするか選ぶうえで、私なりの視点をご紹介します。

万一の転職に備える

定年まで勤め上げることができれば素晴らしいですが、それが叶わないこともあるかもしれません。「やむをえない事情で転居しなければならず、転職が必要になった」などでしょうか。あるいは「令和の市町村大合併」がもしあれば、あるいは勤めている市役所が財政破綻して給料が40％カットになったら、などなど緊急時の対策を考えるのも1つの視点です。

この視点で考えるときポイントとなるのが年齢で、実年齢が上がるとともに転職で求められる実務経験は増えていきます。体力の問題もありますね。セカンドキャリアに向けて転職先の人脈を作っておくのも、コミュニケーション能力として1つのリスキリングかもしれません。

人生１００年時代に備える

※２　DX：IT を活用してサービスや組織を丸ごと改革すること。単なる IT 化よりも大きな変革が伴う。DX 人材は、DX を進められる人のこと。
※３　内閣府「平成 30 年度　年次経済財政報告」

私たちはかなり長く働くことになりそうです。「日本では、２００７年に生まれた子どもの半数が１０７歳より長く生きると予想されるが、この数字はその後も伸び続けている。（中略）１９８７年に生まれた人は、98〜１００歳だ。１９７７年生まれは95〜98歳、１９６７年生まれは92〜96歳、１９５７年生まれは89〜94歳となる（※）」。

公務員を定年退職した後も、十数年は働くとみて間違いはないでしょう。仮に65歳まで働いて定年退職したとしましょう。十分な貯金と退職手当の正しい運用ができれば、厚生年金＋貯金だけで生活できる場合もあります。厚生年金の受給額と退職手当＋貯金である程度の予測は可能です。

貯金だけでは生活が難しそうな方、あるいは退職後も仕事をして、いきいきと仕事を楽しみたい方は、65歳以降も働くことになります。その場合、どんなお仕事をしたいかが１つの視点になるでしょう。それに合わせたスキルを習得しておくと役立ちます。

今のキャリアにかけ算できるものを勉強する

キャリア形成に重要な視点が「かけ算」です。これまでのキャリアを組み合わせることで、さらに貴重な人材になっていく戦略です。例えば、コンサルタントのキャリアにＩＴスキルをかけ算すれば、ＤＸ化をサポートする人材になれるでしょう。逆に、裁縫技術に食品衛生管理

※『LIFE SHIFT』（2016年　東洋経済新報社）

責任者のスキルをかけ算しても、私の知るところではあまり活かせる市場がありません。それぞれのスキルが独立してしまいます。裁縫技術はピカイチだけど、食品衛生管理責任者としてはそれほど…という人材になるのはもったいないですね。

公務員を続けながらリスキリングをする場合も同様です。公務員という経歴にかけ算ができるものが望ましいでしょう。行政書士や社会保険労務士はまさにかけ算といえます。公務員が取得する資格として人気なのもうなずけますね。

リスキリングした先に、需要がどれくらいあるか

かけ算の視点に、プラスαでもう1つ必要な視点があります。市場の需要です。

裁縫技術×食品衛生管理責任者のお話では、かけ算する効果が薄いといいました。**効果が薄いというのは、そのかけ算をしたキャリアを求める人材市場がまだない、と言い換えられます。**かけ算をした先には、需要がなければなりません。

マイナー×マイナーのかけ算は、市場があまりに小さくなるので効果が薄くなります。逆に、メジャー×メジャーだと、ライバルが多すぎて希少性が出せません。簿記×Excelみたいなものです。希少性を出しつつも需要がある状態をねらうならば、メジャー×マイナーなかけ算が望ましいでしょう。**公務員を続ける場合は、市場規模というよりも国や自治体からのニーズが**

組織が求めるデジタル人材像

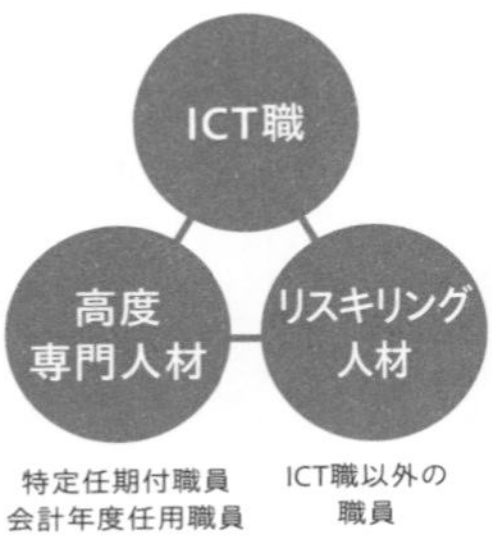

ICT職	デジタルスキルと行政の専門性をバランスよく身に付け、都のDXに関する施策立案等を牽引
高度専門人材	高度なデジタルスキルを活かし、プロトタイプの作製など、デジタルサービスのクオリティ向上を技術面から牽引
リスキリング人材	デジタルに関する知見を身に付け、ICT職や高度専門人材と連携して、都の施策のデジタル化の課題を解決

▲東京都デジタル人材確保・育成基本方針 ver.1.0

あるもの、と読み替えられます。かつ、民間の人材市場の規模が大きいものであれば万が一の転職でも安心です。ITや自治体DXなどはまさに注目の分野ですね。

行政職員のDX人材には何が求められているか

公務員のDX人材には外部のプロフェッショナルを登用することも多々あります。例として東京都の方針を見てみましょう。「都は2021年度に『都政とICTをつなぎ、課題解決を図る人材』として新たにICT職の採用を開始し、その能力向上のための研修を実施しているほか、デジタルに関する豊富な知識・経験を有する高度専門人材を民間から積極的に登用するなど、多様な人材の確保を進めています。**しかし、都政のDXはICT職や高度専門人材といった専門性の高い人材のみで進めるものではありません。デジタルの専門職ではない事務職や土木職などの職員であっても、デジタルテクノロジーに関する理解（マイン**

ドセット）を深め、それを使いこなせるようリスキリングを進めることが必要です。（※）」

行政職員がＤＸのプロフェッショナルになる必要は必ずしもなく、本来の強みである行政力を活かし、外部から採用したＤＸ人材と協働して自治体ＤＸを進めよう、というスタンスです。同様のスタンスをとる公的機関も多いでしょう。

ドライな視点を挙げるとするなら、公的機関が求めるＤＸ知識を講習などでリスキリングしたとして、それは民間企業からも大して価値がないと判断される中途半端なスキルの可能性もあります。昇給しない可能性も。もちろん、行政職員のＤＸ人材としての成長があれば問題ないと思えるのであればＯＫです。ただ、**公務員として組織からどう見られるかと、民間市場からどう見られるか、２つの評価軸は持っておいたほうが安心です。**

まとめ

民間市場とは背景が異なる公務員。リスキリングをして給料が上がるともいえないので、やるならゴールをしっかり見すえよう。

※東京都「デジタル人材の確保・育成」（https://www.digitalservice.metro.tokyo.lg.jp/hr/digital.html）

テクニック

41 公務員のリスキリングにおすすめの「資格」

ここでは、公務員におすすめとよくいわれる資格が実際どうなのか検討しつつ、こんな目標を持っているなら取得してもよいかも、とご紹介していきます。

「この資格は役立つ／役立たない」は本書だけでなくインターネットに山ほど情報があり、いつも賛否両論です。大前提として、あなたのキャリアプランに必要なら取得したほうがよいですし、そうでないなら無理に取得する必要はありません。役立つかどうかは、人によって変わります。

ちなみに、**国家資格・公的資格・民間資格についての定義は実はかなり曖昧**で、法的に定義されていません。本書では次のように分類しています。

・**国家資格**：国の法令によって、全国一律の基準で認定される資格。難しい分、信頼性も高い。弁護士や運転免許も国家資格。

・**公的資格**：民間団体や公益法人が実施し、省庁や大臣が認定する資格。日商簿記検定や介護支援専門員（ケアマネジャー）などは公的資格。
・**民間資格**：国家資格にも公的資格にも当たらない資格。ＴＯＥＩＣやＭＯＳ（マイクロソフトオフィススペシャリスト）は民間資格。

転職に役立つ資格
・日本商工会議所簿記検定試験２級（簿記２級）
・普通自動車第一種運転免許（運転免許）

公務員が優遇される資格
・行政書士　・司法書士　・税理士
・社会保険労務士　・弁理士

転職に役立つ資格

簿記２級
資格種別：公的資格

実施時期：2月、6月、11月
合格率：20%ほど

今すぐ辞める決意はないけれど、1年後には絶対に公務員を辞めて、何かしらの定職に就きたい、そんな人にはおすすめです。

転職に強い資格です。**ITにより経理も効率化されてはいますが、完全に経理担当をなくすのは難しく、今でも多くの会社が求めています。**公務員は税金や補助金の申請に強いので、転職時のアピールポイントにもなるでしょう。ただ、給料は公務員ほど高くはありません。

最近は国や自治体でも複式簿記に基づく財務書類が作られるようになりました。それまでは家計簿のような「収入・支出」の単式簿記のみでしたが、より詳細にキャッシュフローがわかる複式簿記にしよう、という流れです。部署によっては公務にも役立つでしょう。

普通運転免許
資格種別：国家資格
実施時期：土日祝日、年末年始以外
合格率：本免許試験は75%ほど

都会から転職して、地方でのんびり暮らす目標がある人には実は、ほぼ必須といえるかもしれません。**運転免許があると地方移住の可能性が広がります。**最近は在宅勤務も普及したので、本社は東京だけど出社は月1回、それ以外は地方で在宅勤務という働き方も増えてきました。地方に移住できる選択肢を持っておくと便利ですよ。北海道ならワンルームで家賃3万円から。5万円あればかなりよい家に住めます。

公務員が優遇される資格

公務員は試験の一部が免除されるなど、優遇される資格がいくつかあります。条件は厳しめです。

行政書士

資格種別：国家資格
実施時期：11月
合格率：10％ほど

役所への書類作成・提出などを代行する仕事です。**行政書士に転職したい方、あるいは公務にもっと打ち込みたい方にもおすすめです。**公務員の仕事にも近いので頭に入りやすく、ついでに転職の選択肢も広がります。**法律の基礎知識から勉強できるので、仕事のミスが減る可能性も。**

優遇については、高校卒以上の公務員は17年、中学卒なら20年の行政事務経験があれば試験を受けなくても行政書士になれます。17年（20年）働く前に転職したい方、よりハイスピードにスキルアップをしたい方、仕事のミスを減らしたい方などにおすすめです。

司法書士

資格種別：国家資格

実施時期：7月

合格率：5％ほど

行政書士は役所に提出する書類を作りますが、司法書士は法律の知識をもとにした書類作成や手続きを代行する仕事です。主に不動産や会社の登記などを請け負います。**公務にも役立つ知識は多いものの、働きながら取得するにはかなり難関の試験です。**

公務員の優遇については、厳しめの条件で、裁判所事務官、裁判所書記官、法務事務官、検察事務官で、法律的事務に10年以上従事した人が対象です。要件を満たすと、試験なしに司法書士として登録できます。

税理士

資格種別：国家資格
実施時期：8月
合格率：15～20％ほど

公務から税金に興味を持ち、納税のサポートをしたくなった人にはおすすめです。税金、税制に強くなり、公務員の仕事にももちろん役立ちます。こちらも難関資格で合格率は15～20％ほど。複数年かけて受験でき、合格した科目が5科目になると合格という少し変わった仕組みです。**合格まで3～5年かかることが多く、見た目の合格率以上に大変な資格です。**

国税庁、国税局、税務署に勤務して10年以上経つと、税理士試験の一部科目が免除されます。10年、15年、20年、23年、28年、…と年数が経つごとに免除される科目も増え、最後には試験を受けずに税理士になる資格を得られます。免除される科目はとても複雑なので、ここでは割愛します。気になる方は調べてみてくださいね。

社会保険労務士

資格種別：国家資格
実施時期：8月

合格率：5％ほど

いわゆる社労士ですね。社会保険や労働関係の法律の専門家で、企業の労務管理の指導、就業規則の作成などをするお仕事です。**人事課はもちろんのこと、年金や国民健康保険に関する仕事にも役立ちます。**

これも一部科目が免除される形です。国あるいは地方の公務員として、労働や社会保険関係の仕事に10年以上ついていた人が対象で、その他特定の職で実務をした人なら5年以上でもＯＫです。こちらも複雑なので、気になる方はぜひお調べください。

他にも知的財産の専門家「弁理士」なども公務員が優遇される資格です。「宅地建物取引士」は優遇されませんが、都市計画や民法、固定資産税の勉強になりますし、不動産関連の業種であれば転職にも役立ちます。

どの資格であれ、取得には時間がかかります。１つ取得するのに1年以上かかることもあります。何より大切なのは時間です。**転職に備える資格であれ、公務員としてスキルアップするために取得する資格であれ、どれを勉強するかは慎重に考えましょう。**行政書士の資格を取っても、行政書士事務所に転職できるかは別問題です。**テクニック15**で解説したとおり、資格取得を待たずに転職活動をする方法もあります。転職サイトにある実際の求人を見て、求められる資格と給料を見ながら逆算していくと最短で進められます。

まとめ

資格取得の判断は慎重に。リスキリング目的なら先輩・同僚に取得した人がいないか探して話を聞いてみよう。転職目的なら、求人情報を見ながら逆算するのがおすすめ。

テクニック

42 公務員のリスキリングにおすすめの「スキル」

ここでは資格ではなく「スキル」にフォーカスします。公務やスキルアップに役立つスキルをいくつかご紹介します。合格というゴールがないので、どこまで勉強するか考えつつ興味があるものは勉強してみるとよいでしょう。

文章力

書類作成の仕事を早く片付けて定時で帰れるようにしたり、公務員を続けながら本を書いてみたりしたい人におすすめなのが文章力。YouTuberをめざして台本を作る人、ブロガーになりたい人にもいいですね。

人間、明確に言語化できない仕事は進められませんし、依頼もできません。また、これから先は電話はどんどん減り、メールあるいはチャットツールでのやりとりが主体になっていきます。**考えを正確に言葉にして、わかりやすい文章を生み出せる能力は腐ることのないスキルです。**

文章力を上げるにはさまざまな方法がありますが、ひとまず、ＰＲＥＰ法を意識して普段のメールを書くことをおすすめします。ＰＲＥＰ法とは、Point：結論→Reason：理由→Example：具体例→Point：結論、の順番で書くやり方で、これに沿って書くとわかりやすい文章になるというものです。文章力を上げるための書籍もたくさん出版されています。気になる方は、１冊手に取ってみてください。

ＩＴ全般

ＩＴやパソコンに苦手意識を持つ人、業務を効率化したい人、子どものＩＴトークに食らいついていきたい人におすすめです。最近は行政でも「ＤＸ職員」という言葉も出てきましたね。注目度の高いスキルです。

ＩＴといっても範囲が広く、勉強できる範囲は膨大です。**あまりなじみのない人は、まずはＩＴで生活を便利にしてみましょう。**財布に現金を入れず、ＱＲコード決済を使ってみてください。ネット銀行の口座を作り、ＱＲコード決済やカードの履歴を自動で記帳しましょう。家計簿アプリと銀行口座を連携すれば、自動で家計簿も作れます。

ＩＴに強くなるには、ＩＴで何ができるかを知るのが一番です。「最先端の便利」を知り、己が身をもってその恩恵を受けてみてください。すると、他にもやってみたくなるはずです。たくさんのＩＴツールを使ううちに、自然とＩＴに詳しくなります。

プログラミング

既存のＩＴツールで満足できない人、もっと自分なりにカスタマイズして効率化したい人は、プログラミングも勉強してみましょう。

プログラミングには言語がたくさんあり、それぞれできることが異なります。**公務員を続けつつ、転職にも役立つ言語を習得するならＶＢＡがよいでしょう。**一般行政職がもっとも多く使うであろうツール、Excelを効率化できます。

転職したい人は、自分が携わりたい業界に合わせて選びましょう。PythonならＡＩ関係に強いです。ゲーム開発ならＣ＃。ホームページ作成ならＨＴＭＬ、ＣＳＳ、ＰＨＰ、JavaScript。とりあえず汎用性ならＪＡＶＡといった形で、それぞれの言語で得意不得意があります。どの言語をやるかより、どの業界で働きたいかで選ぶと転職もしやすくなります。

ＡＩへの命令

ＡＩにもさまざまありますが、ここでは国も着目しているChatGPTに注目してみましょう。

ChatGPTは上手に使える人とそうでない人で、恩恵がずいぶん変わるツールです。例えばChatGPTに「公立学校教員には残業代が全額支払われますか」と聞くと「全額支払われます」とウソが返ってくることがあります。実際は公立の義務教育諸学校等の教育職員の給与等に関する特別措置法（給特法）で、月給の４％が残業代として支払われます。こういった答えが明確にあるような質問は、Googleで検索したほうがよいでしょう。

ChatGPTは文章のたたき台を考えてもらったり、文章を直してもらったり、データを分析してもらって考えを述べてもらうなど、答えが１つではない質問の仕方をするのがコツです。

テクニック17で、自分の経歴をChatGPTに入力して能力を書き出してもらうような使い方です。もう一つ例として、次の命令文は、私のYouTubeチャンネルのタイトルを考えるときに、実際に使っているものです。現段階では最新の、ChatGPT-4に回答させてみましょう。

YouTubeにこんな動画を投稿します
・公務員に寄せられるクレームをChatGPTに回答させてみた
・クオリティがすごかった
・公務員の仕事なくなるかも？

これを要素に含んで、ユーザーが思わずクリックしてしまいそうになるタイトルを
3個考えてください

なお、次の条件を守ること
・「!?」などは一度だけ使える
・「ヤバすぎる」などの扇情的な要素をふんだんに使ってクリックを誘導すること
・タイトルの始めに【】を使う

すると、次のような回答が返ってきます。

【衝撃】公務員もビックリ！ ChatGPTがクレームに完璧回答!?
【必見】公務員の仕事が無くなる？ AIがクレーム対応で圧倒的成果！
【ヤバい】ChatGPTが公務員に代わってクレーム対応！これで仕事が減る!?

素晴らしいクオリティです。このように、**具体的な出力方式やルールを指定すると回答の精度が上がります**。単に「YouTubeのタイトル考えて」と聞いても求めるものは出ません。他にもさまざまな使い方があり、例えば事業計画書も「このフォーマットに当てはめて書いて」と依頼すればかなりよいものになります。

公務員の仕事にAIが使えるかどうかは、今後徐々に詰められていくでしょう。情報流出につながるおそれがあるので、何らかの制限はかかると思います。個人的には、これほどの業務効率化ツールを使わないのは損だと思うので、どうにか利用できる形になればと願います。

心理学

少し脈絡のないテーマになってきましたが、意外と仕事で使い道があります。

例として「おとり効果」というテクニックをご紹介します。**上司に資料を見せるとき、修正を食らいそうなページは3案くらい作ってみてください。**うち2つの案は捨て案になるので、多少は手を抜いて作ってOKです。そうして上司に「案1はここがダメ、案2はこっちがダメ、折衷案の案3が個人的にはおすすめです」と提案しましょう。すると上司は案3を選びます。1つしかないものは「これがOKか、NGか」で考えるのが人間です。そういうときは、たいていNGになります。しかし3つあると「どれを選ぶか」になるので、どれか1個は通りやすくなるのです。

1年もかけて勉強するスキルではないですが、さらっと専門書を1冊読んでみると仕事で役立つことがあるでしょう。

まとめ

文章力やIT知識は資格ほど専門性はないけれど、汎用性が高い。公務のさまざまな場面で役立つので、日頃から興味のあるものを勉強してみよう。

テクニック

43 ブラック公務員が勉強時間を確保する方法

ブラック公務員向けの時間の作り方

業務改善で早く帰ろう！　という工夫も十分したうえで、それ以外の方法で時間を作る方法をご紹介します。

1．通勤時間に勉強する

もし電車やバスで通勤しているなら、勉強のチャンスです。片道1時間の通勤を月に20日するとしたら40時間、１年で４８０時間にもなります。

参考書を開くのが難しい場合は、スマホやタブレットの電子書籍が便利です。**車通勤をしている方や、満員電車でスマホを見るのも厳しい方は、音声学習を活用してみましょう。音声学習専用のアプリや各種サービスもかなり増えてきました。** YouTubeの有料版「YouTubeプレミアム」なら、スマホで他のアプリを使用している間や画面がスリープ状態のときでも動画再生ができますよ。

2．昼休み・休日に勉強する

もし1時間休憩できる状況なら、お昼休みも勉強のチャンスです。1日1時間、月に20時間、1年で240時間。先の通勤時間と合わせれば、理論上は年720時間です。

職場で勉強する場合は、参考書を広げれば何か勉強していると同僚に伝わります。**見られたくない場合は、近くの図書館や飲食店、ベンチなどになりますね。スマホなら目立たないので、電子書籍やアプリで勉強するのも手です。**

土日にしっかりお休みできるなら、週末にまとめて勉強する方法もあります。1週間ごとに勉強すると忘れがちになるので、通勤時間や昼休みに軽い復習をするとよいでしょう。

ホワイト公務員向けの時間の作り方

ここからは、定時で仕事が終わるホワイト公務員向けの内容です。通勤時間や昼休みに加えてもうちょっと時間を作れたら素敵ではありませんか？

さらに時間を作るテクニックを3つご紹介します。

1. 自分が使っている時間を把握する

まずは現状把握から。24時間をどのように使っているか記録してみましょう。細かければ細かいほどよいです。**ご飯を食べている時間から、仕事をしている時間、お風呂に入っている時間、テレビを見ている時間まで。自分が何をしているかを細かくスマホのメモ帳に記録してみましょう。**1週間ほど記録すれば十分だと思います。

すると、意外と自分がダラダラしていることがわかります。私が公務員時代にプログラミングを勉強していた頃は、1日2時間ほどスマホゲームをしていました。こういう時間を減らしていきます。

2. 少しずつダラダラしている時間を減らす

多くの場合、減らしやすいのは趣味の時間です。正確には趣味という名の、ダラダラしている時間でしょうか。難しいのは、ダラダラしている時間もストレス解消も兼ねていること。完全に0にすると、どこかで不調を来します。とはいえ私のような、1日2時間のスマホゲーム＋晩ご飯にYouTube＋通勤中にマンガ…これは趣味というよりダラダラです。少しずつ減らしていきましょう。徐々に慣れていきます。

まずは効果の大きいところから。一番多くの時間を使っている趣味をやめるか減らしてみてください。残りの趣味はそのまま続けます。時間が生まれ、やりたいことに着手し前進している成功体験を積んでみましょう。1か月ほどして慣れてきたら、残っている中で一番時間を使っている趣味をやめてみましょう。もうそろそろ、スキマ時間でサッと楽しめる趣味しか残っていないはずです。これで1か月やってみて、持続できそうなら成功です。ストレスが溜まる感覚があれば、戻してみたり、別の趣味を始めたりしてみましょう。

3．情報の取捨選択をする

意外と多いのが、テレビやスマホでニュースをダラダラ見ている時間です。たいていの情報は、私たちの将来には直結しません。しかし、ニュースを一切見ないわけにもいきません。

必要な情報だけ目に入る仕組みを作りましょう。天気や防災情報は、テレビではなくスマホアプリから。話題合わせのためのローカルニュースを見たいときは、新聞を買うか、Googleニュースというアプリで地域設定をすると、住んでいる地域のニュースだけを抜粋してくれます。特定分野のニュースを追いたいときはGoogleアラートもおすすめです。設定したワードに関するニュースがあれば、1日1回メールでお知らせしてくれます。

まとめ

通勤やお昼ご飯の時間を活用してリスキリングしよう。無理は続かないので、持続可能な程度に。

テクニック

44 職場以外との接点を持ち、2枚目の名刺を持つ

実践経験を積むには？

培ったスキルは使ってこそ。いつか転職するときも、実践経験の有無が天地ほどの差を生みます。でも、公務員は副業禁止なのでそれが難しい…。しかし、高額報酬を望まなければ、公務員でも実践経験を積む方法がいくつかあります。

職場以外との接点を作り、2枚目の名刺を持ってみましょう。今まで会ったことがない人と対等な立場で出会い、あなたのスキルがどこまで活かせるか、実践です。

副業制限ルールのおさらい

公務員の副業に当たるのは次の3つ。**「①営利団体の役員等を兼ねること、②自ら営利企業を営むこと、③報酬を得て事務・事業に従事すること」**。非営利の活動なら3つのどれにも該

当しません。そして、非営利活動を前提にした団体があります。NPO法人です。NPO法人は公務員でも役員になれますし（無報酬だけど）、NPO法人の手伝いをして交通費や食費などの実費をいただく分にも問題ありません。

ちなみに、国家公務員法には「その勤務時間及び職務上の注意力のすべてをその職責遂行のために用い、政府がなすべき責を有する職務にのみ従事しなければならない」といった文面があります。地方公務員法にも似たようなルールがありますね。**非営利でも活動するなら勤務時間外に活動してね、という話です。**もちろんNPO法人の活動で睡眠不足になってぶっ倒れたら問題ですが、適度にやれば大丈夫。それでも一応、許可は取っておくことをすすめます。

ネットで「（あなたの自治体）公務員 NPO法人 副業 取り組み」と検索してみてください。たくさん事例が出てきます。身近な人が活動していたら、ぜひメールを送ってみましょう。「私はこういう者で◯◯の勉強をしています。何かお手伝いできることはありませんか？ 経験を積みたいので、お金は必要ありません。見るだけでもいいです」といった形です。きっと、歓迎してくれるはずですよ。

activo（※）というサイトでは全国各地のNPO法人がボランティアを募集しています。地域を絞って検索できますので、ぜひ探してみてください。

※ activo　URL：https://activo.jp

面白い人に会う方法

経験上「バリバリに活動している面白い人」と「普通のサラリーマンや公務員」はなかなか接点が生まれません。活動している者同士でコミュニティを作るためかと思います。面白いことをする人は、面白い人と組みたいでしょうからね。その輪に入るには、自分からアタックするしかありません。**誰もあなたの存在を知りませんし、あなたが新しいスキルを勉強していて、チャレンジしたいことを知りません。**待っていても誰も拾ってくれませんので、ここだけはチャレンジです。

望む通りのチャンスや変化は、自ら作らなければなりません。人生はあなたが選んでいるのです。アポイントのメールは0円で送れます。断られても損は1円もありません。**何もしなくても0円、断られても0円、うまくいっても0円。同じ0円なら、チャレンジしたほうがお得です。**

まとめ

職場以外の接点を持ち、2枚目の名刺を持とう。NPO法人なら手伝いやすい。新しい世界に触れ、会う人を変え、自分のスキルを活かす機会を創り出そう。

column 06

公務員からいきなりフリーランスをおすすめしない理由

公務員→フリーランスも無理ではないですが、個人的にはおすすめしていません。次のような理由があるからです。

・フリーランスになって取引するのは民間企業なので、相手がどんな働き方をしているか理解していないと提案力が落ちる（公務員の文化と、民間企業の文化は違う）
・実績がないので、仕事を作りにくい
・焦る必要がない場合が多い（世にないサービスや、時流に乗ったサービスを作るときは別）
・民間企業で働くと、お金をもらいながらビジネスの勉強ができる

もちろん、公務員から直接フリーランスになることが不可能なわけではありません。22歳で公務員を退職、借金（融資）をして起業した友人もいます。非常に馬力のある人で、大変な努力をしています。

フリーランスに必要なもの

私の経験上、フリーランスに必要なのは能力よりも馬力です。Ｎｏ．１のスキルを持っているよりも、たくさん仕事ができる人が伸びていきます。それは当然の話で、能力Ｎｏ．１は日本に１人しかいません。それ以外はＮｏ．２以下です。それでも食べていくには問題はありません。能力があることに越したことはありませんが、能力がさほど高くなくとも食べていくことは可能です。

馬力の重要性を説くのは、フリーランスが基本的には一人で仕事を進めていくためです。公務員や民間企業だと、あなたが風邪を引いても仕事は周囲の人がカバーしてくれます。フリーランスだとそうはいきません。営業も自分でしなければなりません。事業計画も自分で作ります。単純に、やることが多いのです。つまり馬力が必要なのです。

ノマドワークを1年やってみた感想

場所や時間を選ばず、どこでも仕事ができる働き方をノマドワークと呼びます。私は２０２１年の９月に独立。在宅を基本に、ときたまカフェやコワーキングスペースで働いています。１年以上ノマドワーカーをしていますが、自分は向いてないなと思います。仕事そのものは好きではないので、上司や同僚がいない場所では、モチベーションが上がりません。カフェなら他人の目がありますが、ノートパソコンの小さい画面では作業効率も落ちます。自宅のような誘惑がない環境で、かつ、ディスプレイなど大きなものを定点設置できる場所が最適で…要するに、事務所が欲しくなってしまうのでした。

どのような状況にあっても不満は生まれます。どうにか大金持ちになって仕事をせずに暮らせるようになっても、それはそれで不満はあるでしょう。「ここでいい」と満足できればいいのですが、隣の芝は青いとはよくいったものです。

特別編

「元公務員フリーランス」が食べていく６のテクニック

―元公務員の経歴を活かしたズルい営業方法―

公務員からフリーランス。さすがに少し距離があるので本編は特別編としました。特別編では公務員からフリーランスになる方法をご紹介します。あらかじめ断っておくと、公務員から直接フリーランスになることは、個人的にはおすすめしていません。急ぐ必要がないなら、民間企業でビジネスの勉強をしてからのほうが確実です。

とはいえ、不可能というわけでもありません。私の友人にも公務員からいきなり起業した人がいます。また、民間企業にいったあと、独立したいとすでにお考えの方もいると思います。

そんなわけで、元公務員がフリーランスになって経験した失敗談とともに、生き残っていくために実践しているテクニックをご紹介します。

テクニック

45 元公務員フリーランスが最初にそろえる三種の神器

フリーランスになるなら、必ず持っておきたい次の3つのツールがあります。

・ホームページ（実名）
・SNS（実名）
・名刺（実名）

銀行口座や会計ソフトなども必要ですが、ここではお金を稼ぐために重要度が高いものを3つ選んでいます。独立前に準備しておきましょう。

ホームページ（実名）

誰かが、何かのきっかけであなたの名前を聞いて、インターネットで検索したとき、確実に引っかかるようにしましょう。

あなたの名前を検索した人は、多少なりともあなたのことが気になって検索しています。せっかく興味を持ってくれた人です。ホームページで自己紹介をしましょう。

業界にもよりますが、できれば実名での作成をおすすめします。知名度もない、実績もないフリーランスはとにかく信用されません。ペンネーム&実績もなし、だとますます信用されません。誰だかわからない人に仕事をお願いするのは誰だって怖いものです。

SNS（実名）

実名のSNSアカウントを持っていない方は、ホームページと一緒に作っておきましょう。だいたいTwitterとInstagram、Facebookの3つも持てば十分でしょう。

ホームページで集客するのはSEOという大変労力のかかる対策が必要ですが、SNSはそこまで苦労しないでしょう。詳しいやり方を書くと本がもう一冊出来上がってしまうので、ここでは割愛します。独立前に調べてみてください。

SNSはちょっとした投稿から、ホームページでは伝わりにくかった人柄も表現できます。名もなきフリーランスは取引先から「この人、本当に実在しているの？」というレベルで信用されていません。ホームページがあっても信頼されないくらいです。実体感を出すためにも、SNSに活動内容を報告したり、アニメの感想でも投稿したり、何でもいいので「実在する人物だよ」と表現しましょう。

名刺（実名）

ホームページもSNSもそうですが、相手が興味を持ってくれたときにパッと出せる自己紹介ツールを持っておく必要があります。本当に、どこから仕事につながるか予想がつきません。カフェで声をかけられるかもしれないし、飲食店でばったり前職の取引先に会うかもしれません。

たとえ確率が0に近くとも、チャンスボールが飛んできたら、すぐに拾って、全力で返球する準備だけは整えておきましょう。運を味方につけるのは、日々の努力です。

まとめ

フリーランスになるなら、ホームページ（実名）・SNS（実名）・名刺（実名）を持っておくと便利。インターネットからの集客に強くなれる。

テクニック

46 公務員らしさを捨て、集客はサボれるだけサボる

営業はサボる

机の上に折り紙が置いてあって、鶴を一羽折るたびに100円もらえる仕事があります。鶴を折るのは簡単です。目の前にある仕事をこなすのは、誰にでもできます。

難しいのは「鶴一羽ごとに、100円くれる依頼主」を探すこと。つまり営業です。フリーランスは一人で鶴も折るし、営業もしなければなりません。**さらに問題なのは、営業は1円も生み出さないことです。**先の仕事でいえば、鶴を一羽折って初めて100円発生します。営業活動では1円も儲かりません。時給0円の活動に長い時間はかけられません。ですので、営業はとにかくサボり、時間をかけずに行いましょう。そこで役立つのがホームページやSNSです。

ホームページは寝ません。24時間働きます。ここにあなたの実績やスキルを載せておけば、

全国何万人の人に営業できます。

ホームページを作るだけでは誰も来ませんから、SNSから集客したり、ビジネスマッチングサイトに登録したりして人を呼びましょう。**最近はフリーランス向けに案件を紹介してくれるエージェントもかなり増えました。**就職のエージェントではなく、案件を紹介してくれるエージェントです。自分のスキルと希望する案件の内容を伝えれば、お仕事を探してくれます。このようなサービスを活用し、営業にかける時間を減らしましょう。

まとめ

フリーランスは営業もしなければいけないが、営業中は1円も生み出さない。できるだけ営業にかける時間を減らすため、ホームページやエージェントサービスを使ってサボろう。

テクニック

47 1日1時間でできるフリーランス向け YouTubeの始め方・戦略

YouTubeの活用法

YouTubeから仕事を得る方法もおすすめです。広告収入ではなく、YouTube経由で企業からお仕事をいただく方法です。

お仕事をいただくには人柄も重要です。かといって、毎回対面で営業し人柄を伝えるのは大変。そこで役立つのがYouTubeです。**動画なら、声質、話し方、表情からあなたの人柄を伝えられます。**YouTubeのアカウントを作り、営業用の自己紹介動画を1つだけ投稿します。メールで営業するときに「自己紹介やお仕事の実績、仕事への取り組み方は動画でもご覧いただけます」とリンクを添付するだけでも効果的です。

もう少し時間を割ける方は、YouTubeから集客する方法も取り入れてみましょう。本業のためのYouTube、いわゆる兼業YouTuberとしてのデビューです。知名度を増やせば、それだけ多くの人に集客ができるようになります。

忙しいフリーランスでも続けやすいYouTubeの始め方を簡単にご紹介します。

チャンネルコンセプトの作り方

YouTubeはいったん置いておいて、あなたのフリーランス活動の目標がどこにあるかを整理しておきましょう。お金持ちになりたいのか、自由な生活を送りたいのか、などなど。できればその目標が社会に貢献できるものだとなおよいでしょう。例えば「筋トレが続かなくて困っている人に、独自開発のトレーニングを紹介して健康な肉体作りを助けたい」とか、「人の感情をわかりやすい文章にして多くの人に届けたい」とか、「熟練の技術でマイホーム建設を助けたい」とか、「クスッと笑ってストレス発散してもらいたい」も立派な社会貢献です。

その目標を達成する手段の1つがYouTubeになります。**現状と目標のギャップを埋めるためにYouTubeを使っていきましょう。**

広告収入だけが利益ではない

YouTubeといえば広告収入ですが、収益化の方法は他にもあります。YouTube経由で別の仕事を契約しても広義に収益化といえるでしょう。例えば、工務店のチャンネルなら、家を設計している様子を動画にしたり、施工管理の様子を月1本ほど投稿すれば信頼感が増して仕事につながるかもしれません。家を建てる契約につながれば大きな収益になります。重要なのは再生数ではなく利益です。

ショート動画なら1日1時間でできる

YouTubeは動画編集が重たい作業です。私なら10分のフルテロップ動画を作るのに6時間くらいかかります。外注してもいいですが、1本当たり数万円かかることも。

自分で編集するにしても時間はかけたくない、かといって外注コストもまだ高い。そんなときは1分の縦動画、いわゆるショート動画を活用しましょう。**編集時間は30分ほど。台本で15分、撮影で5分、編集で30分、投稿作業で5分ですから、1日1時間あれば毎日投稿できます。**

ただ、ショート動画は1再生当たり0・01円ほどで少なめです。100万回再生されても1万円。収益には期待できません。多くの人に動画を見てもらいやすい仕組みになっているので、広告費をかけずに多くの人に認知されると考えることもできます。

なお、注意点として、縦動画をみるユーザーは若者が多いといわれています。中年から高齢者をターゲットとする場合は、まだ横動画がよさそうです。

とりあえず始めるスピード感

YouTubeのノウハウは調べれば山ほどあり、コンセプトもさらに細かく、戦略的に作れます。しかし、YouTube事業であれば、そこまで細かく設計しなくても問題ないのでは…と個人的には思います。

借金をして大規模なビジネスをするなら事前準備も必要ですが、YouTubeにはそのようなコストはかかりません。再生数という数字ですぐに成果がわかりますし、視聴者ともダイレクトにつながるため意見収集も簡単です。**とりあえずで見切り発車して、反応を見ながら軌道修正していくほうが目標達成は早いと思います。**

顔を出す？　出さない？

最後に、YouTubeに自分の顔を写す、いわゆる「顔出し」について触れておきます。まずは顔出しのリスクを見ていきましょう。

・「有名になったら」プライベートで今まで以上に気を遣わないといけない
・「有名になって」炎上したら、顔がわかっているので何かしら困る
・容姿を誹謗中傷するコメントが寄せられる可能性がある

私のYouTubeにも誹謗中傷コメントは来ます。リスクはたしかに感じます。心地よいものではありません。

これらのリスクを飲み込める人なら、顔を出したほうがいいです。信頼感がぐっと増します。加えて、顔出しすると動画も作りやすくなります。私のショート動画では顔出しして「公務員あるある」を投稿していますが、これを顔出しせず、イラストなどで表現しようと思ったら10倍は労力がかかります。人の表情があるだけで動画映えもしますし、編集もサムネイル作りも楽になりますよ。

まとめ

フリーランスになるならYouTubeはぜひ活用しよう。今はショート動画が主流なので簡単編集でＯＫ。１日１時間で知名度を上げていこう。

テクニック

48 口下手でも大丈夫。公務員をしながら営業スキルを磨く

今すぐできる営業スキルの磨き方

フリーランスになれば、たとえ素人でも営業をすることになります。公務員時代に営業のスキルを磨いておくと、フリーランスになってから苦労しません。

先に断っておくと、私は営業が上手ではありません。できるなら人と話したくないくらいです。**しかし、公務員時代に思っていた「営業ってコミュニケーション能力高くないと…」というイメージは、実際に営業してみるとそこまで感じませんでした。**

といっても、あまりテクニックを詰め込んでも会話中に意識はできません。ですので、私は簡単に2つのポイントを意識しています。

提案は最後までせず、99%を質問にする

営業といえば「これを買いませんか？」とか「その仕事、私にくださいませんか？」なんてイメージです。ここではこれを「提案」といいます。私が営業するときは、提案はギリギリまでせず、お客様が何をしたいのか、質問を重ねて掘り下げるように心がけています。するとお客様の本心がハッキリ見えてきます。**本心が見えるまでは提案はせず、ほとんどがあいづちか質問です。**

人間、本当にやりたいことを一発で言葉にするのは苦手です。例えば、あなたの同僚であるAさんから「公務員を辞めたいんだ」と相談があり「転職サービスを使ってみては？」と返しても、よい顔はされないかもしれません。一言目は「辞めたい」でも、本当の目的は「家族問題の解決」かもしれないのです。加えて、たいていの場合Aさん自身が本心を自覚していません。人間、自分が何を考えているか、ハッキリさせるのが一番苦手ですから。営業も同じです。お客様が最初に「新しいホームページを作りたいんだ」といっても、課題や背景を深掘りしていくと、本当は会社のSNSを作りたいのかもしれません。ですので提案は最後までせず、ほとんどを相槌や質問で構成するようにしています。質問を考えるのが苦手な方は、お客様の「困った」とか「悩んでいる」といった感情を表す言葉に注目しましょう。「どんな困り事ですか？」と深掘りすると本心に近づきます。

これは公務員の仕事で練習できます。係長から「○○の資料を作ってほしい」とお願いされたら「何向けの資料ですか？」と深掘りします。すると「実は課長から～の話があって」とさらに詳しく話してくれますね。まだまだ深掘りです。「課長が～に使うということは、何か配慮したほうがいいこともありますか？」などですね。こうして質問を重ねていくと、相手が本当にやりたいことが明確になっていきます。そうして最後に「わかりました。では僕はこういう資料を明日までに、～に配慮して作ります」といった形です。私は油断すると「○○はどうですか？」と相手の本心に合わない提案がすぐ口に出てしまうことも多いので、練習しておくとよさそうです。

公務でも役に立ちますし、独立してからの営業も上手に進みます。

提案は「過去の背景・解決策・未来の可能性」でサンドイッチ

質問を繰り返し、相手の本当の悩みがわかったら、解決策の提案ですね。この提案は、3つの構成にしてお話しすることが多いです。まずは**過去の背景**。相手が苦心している背景をまとめて整理して、相手の状況を理解していることを伝えます。次は**解決策**です。シンプルに解決策を提案します。最後に**未来の可能性**について。ただ解決するだけでなく、その先のビジョンや新しい展開を見せて、ワクワクするような形で締めます。

問題解決だけで終わらせず、その先の未来についてもぜひお話ししてみてください。**課題を解決することがゴールではなく、よい未来を実現することがお客様のゴールです。**ワクワクする、やってみたいと思ってもらうことで、お客様もより前向きに考えてくれます。

まとめ

提案は最後までせず、99％を質問に！　提案は「過去の背景・解決策・未来の可能性」でサンドイッチ！　公務員のお仕事でも活用してみよう。

テクニック

49 公務員を辞めて崖っぷち。それでも働かない自分を動かす方法

働かない自分…

独立して驚愕したことがあります。イノウエガクという男が、思った以上に働かないのです。これには私も怒りました。「ちゃんと働かないと食べれないよ」。しかし、いくら諭してもこの男は怠けてしまうのです。

あるとき、この男の労働時間を計測してみました。できれば1日12時間、少なくとも1日8時間は働かなければと思ってのことです。結果は1日4時間でした。想像の1／3です。

人間はサボります。いくらお金がたくさん欲しいと思っていても、独立して不安定になってもサボります。サボって生きていく方法がいくらでもあるからです。

私たちはサルがちょっと進化したような動物です。四六時中、理性的には生きられません。遠い目標より、近い堕落のほうが魅力的。「目標のためなら1日2時間睡眠でも全然平気！」

というパワフルな人間は、それが希有な才能だと自覚してください。それと寝てください。

フリーランスに有休はありません。風邪を引いても、手を動かせるのはあなただけ。やる気がなくなっても、それを注意する上司もいません。何もかもを自分でコントロールしなければなりません。「セルフコントロール」です。

ＴｏＤｏリストを捨てる

ＴｏＤｏリストはシンプルで便利なタスク管理です。私も机に付箋を貼り付けて仕事していました。しかし、1つ大きな欠点があります。


ＴｏＤｏリストは、各タスクの作業時間を考慮していません。例えば、明日までに終わらせるＴｏＤｏリストが100個あったらどうしましょう。寝ないで働いても終わりません。「そんなことがあるもんか！」と思うかもしれませんが、本当にあるのです。

フリーランスになると、複数のクライアントと並行して仕事をする形が多くなります。いくつもの仕事が混在し、ＴｏＤｏリストが複雑に、そして膨大になっていきます。そのうち「明日まで！」と書かれた大量の付箋に出会うことでしょう。

仕事をスケジュール通りに進めるには、その仕事に何時間かかるかを考える必要があります。

ＴｏＤｏリストをやめて、カレンダーにスケジュールを記載する形でタスク管理をしましょう。

明日の朝9時から昼12時までは、このタスクをやる、といった形です。そうと決めたら、必ずその時間に終わらせなければなりません。後ろにもスケジュールが詰まっているからです。1つ遅れると全体に影響が及びます。つまり、サボれなくなるのです。

よく休む

フリーランスは1人で働きます。有休もないですし、休んだ穴をフォローしてくれる同僚もいません。休む重要性がとても高い仕事です。

とにかく寝ましょう。睡眠時間だけはごまかしが効きません。私はロングスリーパーなので1日8時間は寝ることを目標にしています。**明日の仕事を予定通り終わらせて、クライアントに求められる品質をスケジュールどおりに納品するには、寝るのが最初の仕事です。**体調が悪いのに自主的に頑張れるのは希有な才能かもしれませんが、長続きしません。とにかくよく休みましょう。

まとめ

いつも合理的ではいられないのが人間。苦しい環境で、長くは頑張れないので自分を気持ちよく働けるようにサポートしてあげよう。

テクニック

50 人生を安定させる手のひら返しの力

「やりたい」と「生活」は別もの

せっかく転職した業界でも、稼げなくなったら再び転職しなければなりません。「この仕事はもうダメだな。別の仕事をしよう」と、嫌でも手のひらを返す日が来るかもしれません。

好きなことを仕事にすると、これが難しくなっていきます。好きなことを仕事にするデメリットですね。

私が本当にやりたい仕事をするとしたら、文章を書き続けます。下手なりに何年も勉強してきた、愛着ある仕事です。ところが無情にもChatGPTが登場。まだＡＩが書きにくいジャンルの執筆は続けていますが、ＡＩで問題なく書けそうだと思える仕事は撤退しました。独立して1年ちょっとのことです。まさかこれほど早くＡＩが進化するとは…。

誤解のないよう付け加えると、現時点では、まだ人間のライターの仕事はたくさんあります。

私は「今後数年でＡＩに取って代わられる仕事なら、そのスキルを積む時間がもったいない」と思って早期撤退をしたのです。長くても、あと2～3年がウェブライターの限界ではないかと思います。

「がっかりする時代」が来る

「がっかりする時代」が来ます。努力して身につけた能力が、ＡＩによって陳腐化され、取るに足らない能力となる時代です。絵もそうです。音楽もやられそうです。オンラインミーティング中の内容をＡＩが読み取り、「するべき質問」を自分にだけ表示させるツールも登場しました。コミュニケーション能力にすらＡＩが侵入してきています。

がっかりして落ち込むのか、それとも踏ん張って乗り越えるか。ここからしばらくは、その力こそが試されるかもしれません。

人生を安定させる手のひら返しの力

ライター業は愛着のある仕事といいつつも、我ながらドライに、即撤退の判断をしたと思います。**これはライター業を抽象的にとらえていたからだと思います。あなたの好きな仕事を、少し広い言葉で表してみましょう。**例えば美容師なら「身なりを整える仕事」「ライフスタイルを変える仕事」などですね。こうして抽象化すると、他の仕事にも興味が出てきませんか？
毎度ライターの話で申し訳ありませんが、ライターの仕事とはつまり、何かを伝えることです。その手段が文章なのがライターです。暴論ですが、動画でも写真でも口頭でも伝える仕事に違いはありません。であれば、ライターにこだわる必要はありません。学校の先生をやっても塾講師をやってもいいでしょう。私には、それらを好きになる素質があります。そうしてYouTubeを始めたわけです。

後ろ向きな話になりましたが、長い人生、何が起こるかわかりません。過去40年で世界は一変しました。この先40年も同様でしょう。手のひらを返す力があれば、生きやすくなるはずです。

まとめ

やりたい仕事だけで食べていければいいけれど、そうもいかない日が来るかも。やりたい仕事を抽象化して「好きな仕事の範囲」を広げておくと、打たれ強くなる。

あとがき

極論、こんな本はなくてもいいのです。公務員を辞めるのは難しくありません。退職願を上司に出すだけです。ビターンと机にたたきつければ、1か月後には晴れて退職です。

転職するのも難しくありません。どこでもいいから転職先を見つければいいのです。働き口なんて無数にあります。公務員試験に受かって真面目に仕事をしていた優秀な皆様ですから、どこかで食べていくことは可能です。生活保護もあります。

しかし、できればやりたい仕事に就きたいものです。もっといえば、理想通りの人生を生き、自分なりの幸せを最大化したいですね。

真に考えるべきは、あなたが何をしたいかです。辞めるのも転職するのも簡単なのに、なぜ私たちがモヤモヤ悩むかといえば、理想とする何かがあるからです。理想の仕事、理想の給料、理想の生活…。それが明らかであっても、まだふんわりしていても、存在していることは確かです。だから私たちは苦しみます。

物事を進めるには、いくつかの順番があります。

1. 計画を立てる。
2. 計画を実行するためにわからないところを調べたり、誰かに聞く**（イマココ）**。
3. 調べたことをもとに、もう一度考える。
4. それでもわからないなら、考えるのをやめて行動に移す。

本書を読み終えたら、3番目「調べたことをもとに、もう一度考える」が始まります。本書の内容は覚える必要もありません。転職テクニックが必要になったとき、あるいは転職後に、フリーランスになるときに、この本をもう一度開いてもらえれば事足ります。この先は、あなたが何をしたいかを考えなければなりません。

目標が見つからない人は、お金と時間のことを忘れて、本当にやりたいことを考えてみましょう。**人は、お金がないときはお金に執着し、ヒマがないときはヒマに執着します。その執着は人の目を曇らせます。**仮に、お金も時間も何もかも満たされたとき、あなたは何をしたいと思いますか。慈善事業でしょうか、スローライフでしょうか、カフェの店長でしょうか、地元への貢献でしょうか。

「やりたいことはある。しかし、お金も時間も必要じゃないか！」という反論もあるでしょう。正解でもありますし、不正解でもあります。小規模にスタートすれば、お金も時間もそれほど必要ありません。出張カフェなら店舗は必要ありません。慈善事業ならいつでも始められます。スローライフも土日だけならすぐに始められます。多くを求めすぎなければ、それほどお金と時間は必要ありません。ですから、お金や時間より、何をしたいのかを考えなければなりません。

あなたがやるべきことは、この本を読んだ後、この本を（捨てずに！）本棚にしまい、ゆっくりとシャワーを浴び、ぼーっとしながら自分を振り返ることです。どんな仕事をしたいのか、どんな生活をしたいのか、どんな人生を歩みたいのか。

何を優先しているのかをハッキリさせれば、それを実現するためにベストな方法を探すだけです。ベストな方法はインターネットや本に書いてあります。手段なんていくらでもあるのです。しかし、やりたいことを見つけるのはあなたにしかできません。

Googleで「自分のやりたいこと 見つけ方」と検索してはいけません。どうせ「考えろ」と言われるだけです。私は100回は検索したので、もうあきらめました。

やりたいことを考える、転職活動を始める、なんでもかまいませんから行動してみてください。行動を起こしたときが、あなたのターニングポイントです。

結論を急ぐべきではありません。しかし、この1秒1秒もあなたの人生は終わりに向かっています。**今は何月ですか。年明けから何月経ちましたか。社会人になって、何年経ちましたか。人生でもっとも若いのは今日です。**

私はずっと本を書くのが目標でした。マスコミで記者をやったこともなく、ウェブ記事などを作る「どこにでもいるライター」の大それた目標です。ある日、企画の提案だけしてみようと思い、営業してみました。すると、実務教育出版様が声をかけてくれたのです。

自分で「ここが限界だ」と思うことと、現実はしばしば異なります。これはやってみないとわかりません。もっと言えば「今ならいける」と思える瞬間もありません。

過去の積み上げ以上のことは、未来には実現できません。だからこそ、今が大切なのです。努力すれば必ず成功するわけではありません。しかし、成功した人は必ず努力しています。きっとあなたも、その一員になれます。

2023年6月　公務員を辞めて約4年　イノウエガク

イノウエガク

1994年生まれ。大学卒業後、北見市役所へ入所。2017年から北海道庁土木局へ出向。北海道庁が主管する道路工事の技術的監督を務める。2019年には北見市役所で数億円の工事を監督。同年に北見市役所を退職し民間企業のウェブマーケターに転職し、ECサイトの運営やDMマーケティングを担当。2021年よりライター＆コンサルタントとして独立し、olbb株式会社取締役を担う。プライベートではYouTubeチャンネル「元公務員イノウエガク」を運営し、1年半でチャンネル登録者数2万人に成長させ、UUUMネットワークに加入。その他、転職セミナーなどにも登壇している。

装丁 ……………… 三枝未央
装丁イラスト ……………… 平松慶
本文デザイン・イラスト ……… 岡部夏実（Isshiki）
DTP ……………… さかがわまな（Isshiki）
企画協力 ……………… 森久保美樹（NPO法人企画のたまご屋さん）

●本書の内容に関するお問合わせについて
本書の内容に誤りと思われるところがありましたらまずは，小社ブックスサイト(jitsumu.hondana.jp)中の本書ページ内の訂正表をご確認ください。訂正表がない場合は，書名，発行年月，お客様のお名前，連絡先と該当箇所の具体的な誤りの内容・理由等をご記入のうえ，メールにてお問い合わせください。
実務教育出版第二編集部問合せ窓口 e-mail:jitsumu_2hen@jitsumu.co.jp
【ご注意】
＊電話での問い合わせは一切受け付けておりません。
＊内容の正誤以外のお問合わせにはお答えできません。

辞める？　続ける？
後悔しないための公務員の転職とリスキリングの技術

2023年8月10日 第1版第1刷発行　　< 検印省略 >

著者　イノウエガク
発行者　小山隆之
発行所　株式会社実務教育出版
〒163-8671 東京都新宿区1-1-12
編集　電話　03-3355-1812
販売　電話　03-3355-1951
振替　00160-0-78270
印刷　壮光舎印刷
製本　東京美術紙工

ISBN978-4-7889-2850-3 C0030 Printed in Japan
乱丁・落丁本は本社にてお取り替えいたします。